Betty Paoli

Was hat der Geist denn wohl gemein mit dem Geschlecht?

Herausgegeben und eingeleitet von Eva Geber
Mit einem Essay von Karin S. Wozonig

AUF edition
Mandelbaum Verlag Wien

Produziert mit freundlicher Unterstützung
des Kulturamts der Stadt Wien

ISBN 3-85476-050-7

Lektorat: Christine Wendelin
Satz & graphische Gestaltung: Michael Baiculescu
Umschlagbild: Betty Paoli, Ölgemälde von Karl Rahl (um 1845)
Druck: interpress, Budapest

Bildnachweis
Seite 21: Historisches Museum der Stadt Wien
Seite 23: Grab Betty Paoli, Foto: Eva Geber
Seite 25: Joseph Lewinsky: Gedenkrede auf Betty Paoli. *Wien 1895*
Seiten 34 und 115: Wiener Stadt- und Landesbibliothek, Handschriftensammlung
Seite 59: Betty Paoli um 1885, Bildarchiv der Österreichischen Nationalbibliothek
Seite 65: siehe Umschlagbild

Inhaltsverzeichnis

Für Louise, meine Großmutter,
deren unglückliches Leben das Korsett
der Konvention nicht verließ

Eva Geber

Mir aber ward solch sanfte Milde von der Natur nicht eingeflößt

Dank ihr, mit der keiner in Verkehr stehen konnte,
ohne sich wachsen zu fühlen,
ohne die Grenzen seines Denkens zu erweitern.
Marie Ebner von Eschenbach:
Nachruf auf Betty Paoli

Frühe Begegnung

Kaum hatte ich Ende der sechziger, Anfang der siebziger Jahre angefangen, mich mit der Frauenfrage zu beschäftigen, stöberte ich die Antiquariatswühlkisten nach Lesestoff durch. Schließlich gab es ja noch kaum feministische Literatur: Simone de Beauvoir und Betty Friedan, das war alles. Zwei besondere Glücksgriffe entsprachen genau meinem Interesse: Ein *Österreichischer Frauenkalender von 1947* (!) und *Frauenbilder aus Österreich*, 1955.[1] Das bildete den Grundstock für meine Vorliebe ganz spezieller historischer Biographien oder auch »abwegiger weiblicher Texte«, wie mir eine liebe Freundin einmal als Widmung in ein Buch schrieb.
Ich will nicht alle Frauen nennen, die mir hier erstmalig bekannt wurden, schließlich soll nicht verraten werden, welchen Frauen ich noch eine Arbeit widmen könnte, aber die erste eindrucksvolle Begegnung mit Rosa Mayreder fand hier statt und hier erfuhr ich auch von Betty Paoli, zu

1 Ann Tizia Leitich: Österreichischer Frauenkalender von 1947. Eine Huldigung den Frauen mit 12 Porträts. Wien 1946. Bund österreichischer Frauenvereine (Hg): Frauenbilder aus Österreich. Eine Sammlung von zwölf Essays. Wien 1955

der ich mir damals nur innerlich die beeindruckte Anmerkung machte: Schöne Sprache.
Im Buch *Die Frauen Wiens,*[1] dem ersten Produkt der AUFedition, hatten beide Frauen ihren Platz und Betty Paolis ans Herz greifendes Gedicht an Ida Fleischl-Marxow, bei der sie in den letzten 40 Jahren, d.h. also exakt die Hälfte ihres Lebens, wohnte, fand Eingang in das Buch:

Jetzt wandeln wir schon lang auf gleichen Wegen,
Die heitern teilend und die trüben Stunden,
Und schreiten, fester, inniger stets verbunden,
Dem letzten, nachtverhüllten Ziel entgegen –[2]

Dem Satz der Herausgeberinnen des Frauenkalenders »Als Dichterin können wir also Betty Paoli ohne Gewissensbisse entlassen« konnte ich mich damals nicht so ohne weiteres anschließen. Den Folgesatz »[...] [sie] wurde zur Pionierin weiblicher [...] geistiger Arbeit. Betty Paoli war die erste Journalistin Österreichs, ja der Deutsch schreibenden Welt« nahm ich, geblendet von der feierlichen Lyrik, in seiner Bedeutung nicht wahr.[3]
Nach der Neuedition der Bände von Rosa Mayreder[4] musste wieder eine Zeit vergehen, bis ich mich einer neuen Regentin zuwenden konnte. Meine frustrierte Entdeckerinnenlust machte mir bereits etwas zu schaffen, die Abende blieben schal und leer, da lernte ich Karen Gallagher kennen, eine Studentin der Universität in Irvine, CA, in Wien zur Recherche über das Leben der Journalistin Marie

---

1 Eva Geber, Sonja Rotter, Marietta Schneider: Die Frauen Wiens. Ein Stadtbuch für Fanny, Frances und Francesca. Wien 1992

2 Ebda, Hanna Hackers Text: Über Liebe und Unzucht zwischen Frauen, S 184ff beigestellt

3 Frauenkalender, S 137

4 Rosa Mayreder: 1. Das Haus in der Landskrongasse. Jugenderinnerungen. Vorwort Eva Geber. 2. Zur Kritik der Weiblichkeit. Essays. Nachwort Eva Geber. 3. Geschlecht und Kultur. Nachwort Eva Geber. Alle: AUFedition, Wien 1998

Herzfeld (1855–1940).[1] »Es ist nichts zu finden, nur ein halber Satz bei Hilde Spiel«, klagte sie verzweifelt. Zu Hause suchte ich diesen halben Satz: »[...] kann Marie Herzfeld als einzige wahrhaft begabte Essayistin angesehen werden, die ihre klugen, ja profunden Einsichten in vollendete Form zu fassen verstand.«[2] Wie war ihr Umfeld? Und dann sprang er mich an, der entscheidende Satz: »Betty Paoli, die zu ihren Lebzeiten als große Novellistin und Essayistin galt«.[3] Hilde Spiel hat allerdings etwas verwechselt, weil sie Herzfeld lange vor Betty Paoli reihte, die 1894 gestorben ist und vor allem Lyrikerin und *die* große Feuilletonistin war. Daher war Herzfeld nicht, wie Spiel wähnt, eine Kämpferin an der Seite von Rosa Mayreder (1858–1938), der »heute aber vor allem als bedeutender Sozialreformerin gedacht wird« (Paolis, sagt hier Spiel, nicht Mayreders!). Meine Erinnerungsglocke schlug an: »Schöne Sprache«, ich verzieh Verwechslung und Generationentausch, die neue Beherrscherin meines ausgehungerten Forscherinnenherzens war gefunden. Und was war zu entdecken und wie viel und was für eine außerordentliche Persönlichkeit!

Mein eigenes Bücherregal gab über Betty Paoli inzwischen ziemlich viel her, wie ich noch in derselben Nacht feststellte, aber was ich am nächsten Morgen via Internet in den Bibliotheken fand, ließ mich vollends jubeln. Binnen kurzer Zeit hatte ich eine reiche Quellenernte eingebracht, beobachtet vom großen »dunklen Auge«[4] der schönen Betty. Schon bei der ersten Sichtung stürmten die Superlative auf mich ein: Die Lyrikerin, die große Feuilletonistin, die glän-

1 Karen Gallagher in: Cosmopolitans in the Modern World. Studies on an Theme in German and Austrian Literary Culture, edited by Suzanne Kirkbright. München 2000, S 82

2 Hilde Spiel: Glanz und Untergang. Wien 1866 bis 1938. München 1987, S 107

3 Spiel, ebda

4 Frauenkalender, S 136

zende Salonnière, die Frau, deren kluge und machtvolle Aufmerksamkeit einer Vielzahl herausragender Frauen galt, die ihre Gedichtsammlung *Romancero* Bettina von Arnim widmete, die auf der ersten Seite der *Neuen Freien Presse* in Feuilletons die Frauenfrage besprach.

Eine widerspenstige Biographie und ein Leben des Quand-même

Ich war ein Weib, und kämpfte wie ein Mann
Betty Paoli: *Kein Gedicht*

Betty Paolis Leben beginnt 1814 zum Zeitpunkt des Wiener Kongresses. Metternich brillierte und baute unter Ferdinand II., dessen Starrheit vom aufgeklärten Absolutismus des Joseph II. weit entfernt war, sein reaktionäres »System« auf. In Österreich herrschten Biedermeier und Vormärz, Bespitzelung und unterdrückte Presse.
Ab 1820 begann der industrielle Aufschwung, es entstand bürgerliches Unternehmertum. Die Industriezentren zogen Arbeitskräfte an und bewirkten eine erhebliche Veränderung der Bevölkerungsstruktur hin zu besitzlosen Arbeitern, die ihre Arbeitskraft zu heute kaum vorstellbaren Bedingungen verkaufen mussten. Dem daraus resultierenden Beginn des Pauperismus versuchte die Regierung mit den Ansätzen einer Fabriksgesetzgebung zu begegnen.
Das Verlangen des Besitz- und Bildungsbürgertums, aber auch eines Teils des Adels, nach Systemveränderung, die Lage der Bauern und die Auswirkungen der Wirtschaftskrise seit den 1840er Jahren vor allem auf die Arbeiter und die kleinbürgerlichen Handwerker förderten den Ausbruch der Märzrevolution 1848. Bis dahin, bis zu deren Niederschlagung und bis zur Entwicklung einer freien Presse war es noch ein weiter Weg.

Frauen waren Töchter oder Ehefrauen und hatten, wenn sie nicht den unteren sozialen Schichten angehörten, keinen Beruf, es sei denn, sie wurden nicht geheiratet. Dann mussten sie ihre ökonomische Grundlage im Verlegenheitsberuf Gouvernante suchen, oder sie wurden Familienanhängsel als Tanten. Ihre Bildung erstreckte sich auf Haushalt, ein wenig musische Betätigung und Konversation.
Wenn wir Betty Paolis Biographie ansehen, erkennen wir ein Leben des Trotzdem, des Quand-même. Betty Paoli erfährt kaum Bildung, trotzdem ist sie hochgebildet. Sie hat kein Vermögen und ihre Herkunft bleibt besser verborgen, trotzdem spielt sie in der großen Gesellschaft eine bedeutende Rolle. In der nach Metternich aufblühenden Presse gibt es nur Männer, trotzdem wird sie eine einflussreiche Journalistin. Sie ist eine schöne und – auch ohne Mitgift – begehrenswerte Frau, trotzdem vermählt sie sich nicht. Sie will die Frauenrolle nicht in Frage stellen, trotzdem kämpft sie für den Zugang der Frauen zu Bildung und Beruf. Es ist ein Leben ohne Startchancen, dem sie Trotz bieten muss.
Betty Paolis Herkommen wird auf zwei verschiedene Weisen erzählt: Geboren am 30. Dezember 1814 in Wien, ist sie die Tochter einer Belgierin und eines jüdischen Militärarztes oder die uneheliche Tochter eines ungarischen Adeligen. Für Letzteres gibt es Hinweise,[1] für Ersteres teilweise Beweise: Den Taufschein von Betty, aus dem hervorgeht, dass sie nach siebenmonatiger Ehe als Tochter von Theresia, geb. Grünagl (r. k.) und Anton Glück, Oberarzt des Feldspitals 23[2] geboren worden ist. Zum Unterschied von

---

1 Konstanze Fliedl: Auch ein Beruf [...] In: Gisela Brinker-Gabler (Hg.): Dt. Lit. v. Frauen. Bd. 2. München 1988. Gisela Brinker-Gabler, Karola Ludwig, Angela Wöffen: Lexikon deutschsprachiger Schriftstellerinnen 1800–1945. München 1986, Christa Gürtler, Sigrid Schmid-Bortenschlager: Eigensinn und Widerstand. Schriftstellerinnen der Habsburger-Monarchie. Wien 1998, S 36, Österr. Biographisches Lexikon. Wien 1959

2 Karin S. Wozonig: Die Literatin Betty Paoli. Weibliche Mobilität im 19. Jahrhundert. Wien 1999, S 196

den Einträgen in den Biographischen Lexika[1] ist die väterliche Herkunft nicht mosaisch, sondern als römisch-katholisch vermerkt. Sie wird auf die Vornamen Barbara Elisabeth (Babette) getauft. Als sie zwei Jahre alt ist, stirbt ihr Vater und hinterlässt seine Familie finanziell wohlversorgt. Betty bezeichnet ihre Erziehung in der Kindheit »à la diable«, aber sie erhält ein festes Sprachenfundament durch Teilnahme am Unterricht eines Gymnasiasten[2]. Leider hat ihre Mutter ein sehr unstetes Temperament, sie zieht häufig um, wobei jedes Mal wertvolle Besitztümer oder auch Geld in der verlassenen Wohnung zurückbleiben, sie spekuliert, ist möglicherweise auch zu vertrauensselig und steht völlig mittellos da, als ihre Tochter gerade 15 Jahre alt ist.[3]

Harte Jahre

> *So hat sie durch Zerfahrenheit und blinde Spielwut nicht nur ihr Vermögen vertan, sondern nach Art der Spieler ihren kostbarsten Besitz, ihr Kind, dazu aufs Spiel gesetzt.*
> Helene Bettelheim-Gabillon[4]

Zunächst versucht Barbara Elisabeth Glück den Lebensunterhalt für sich und ihre Mutter durch Stundengeben zu verdienen, dann erhält sie einen Posten als Gouvernante in einem russischen Hause nahe der polnischen Grenze, wohin sie ihre Mutter mitnehmen darf. Nach kurzer Zeit wird die Mutter krank vor Heimweh, die beiden wollen zurück

---

1 Z.B. C. v. Wurzbach: Biographisches Lexikon des Kaiserthums Österreich. Wien 1885, S 232

2 »Grammatiker Schmid«, E-E in: Gedichte, S IX

3 Helene Bettelheim-Gabillon: Zur Charakteristik Betty Paolis. Nach alten und neuen Quellen. In: Jahrgang X des Jahrbuchs der Grillparzer-Gesellschaft. Konegen, Wien 1900, S 191f

4 Charakteristik, S 193

nach Wien, aber die russische Familie besteht auf Einhaltung des Vertrages. Schließlich fliehen sie mit Hilfe von Schleppern, »Schwärzern«, schreibt Helene Bettelheim-Gabillon, die junge Freundin und spätere Herausgeberin einiger Werke Paolis,[1] in der kalten Jahreszeit über die Grenze. Dort erliegt Bettys Mutter den Strapazen. Die 16-jährige Babette allein in Galizien findet eine neue Arbeit bei polnischen Adeligen, eine Stelle, die gut gewesen sein muss, denn sie bleibt dort bis 1835. »Es ist mir von dem rauen, kalten Land eine sonnige Erinnerung geblieben.«[2] Ihre Arbeit in dieser Familie dürfte ihr Raum gelassen haben, denn sie fand Gelegenheit, sich weiterzubilden und mit ihrer literarischen Arbeit zu beginnen. 1832 werden ihre ersten Gedichte in der *Wiener Zeitschrift für Kunst, Literatur und Mode* veröffentlicht.

Dieser dramatische Beginn lässt ein außerordentlich talentiertes und beeindruckendes Wesen erkennen, voll Mut und Willensstärke. Als Barbara Elisabeth Glück nach Wien zurückkehrt, wird sie ihre Herkunft und ihre Geschichte verschleiern – das Pseudonym Betty Paoli bei der ersten großen Veröffentlichung tut ein Übriges.

Zurück in Wien lebt sie vorwiegend von Stundengeben und Übersetzen, »dieser Frauenarbeit par excellence«,[3] veröffentlicht Gedichte und Novellen, wobei ihr Pseudonym Betti (in dieser Schreibweise) Paoli erstmalig eingesetzt wird und schreibt Buchrezensionen für die *Wiener Zeitschrift*.[4]

Bereits mit ihrer ersten Gedichtsammlung *Gedichte*, die 1841 erscheint,[5] schafft sie den Durchbruch. Die Gedichte, die in

---

1 Charakteristik, S 195

2 Charakteristik, S 196

3 Wozonig, S 77

4 Betty Paolis gesammelte Aufsätze. Eingel. und hg. von Helene Bettelheim-Gabillon. Wien 1908, S VIII

5 Heckenast, Pest 1841

»unerhörter« Offenheit[1] von Liebe sprechen, fordernd und ohne niedergeschlagenen Blick, »entfesselten einen jähen Sturm von Begeisterung«[2] bei den Frauen, »welche darin ihr tiefsinniges Wesen erfasst und in kraftvollen Worten ausgesprochen finden«, während ihr auf der anderen Seite vorgeworfen wurde, »den Schleier vom Geheimnis« zu reißen, die »Profanation des weiblichen Gemütes,[3] die »Entweihung des Weibes« zu betreiben.[4] Ihr Kommentar dazu:

> *Unweibliche Idee, wie ihr doch töricht sprecht!*
> *Was hat der Geist denn wohl gemein mit dem Geschlecht?*
> BETTY PAOLI: *Gedichte*[5]

Lob kommt von Lenau – dem sie diesen Band gewidmet hat – und von Grillparzer, der sie den »ersten Lyriker Österreichs« nennt. Betty Paoli gelang mit diesem ersten Gedichtband »ein fast sensationelles Aufsehen«,[6] sie war mit einem Schlag berühmt. Den späteren Veröffentlichungen war eine so große Aufmerksamkeit nicht mehr beschieden, die Tagespresse begnügte sich wohl, »sie ungelesen in stereotypen Redensarten zu preisen und eine bestimmte Marke für sie zu prägen wie: ›– Tief empfundene, formvollendete Verse – Schmerz um betrogene Liebe [...]‹ u. dgl.«, schreibt Helene Bettelheim-Gabillon und zitiert Paoli selbst, die am Ruhm der Droste-Hülshoff 40 Jahre lang baute:

> *[...] hiezu kam noch, dass man [...] um durchzugreifen, von irgendeiner literarischen Clique gestützt werden musste. Es ließe sich ein interessantes Buch*

1 Literatur. Oestreichs Dichter III. In: Illustrierte Zeitung, 138, 21. Feber 1846, S 126f, zit. in: Wozonig, S 23

2 Charakteristik, S 197

3 Charakteristik, S 198

4 Literatur, a.a.O.

5 Pest 1841, S 178

6 Charakteristik, S 243

darüber schreiben, wie die meisten Berühmtheiten jener Tage entstanden sind oder vielmehr, wie sie gemacht wurden.[1]

Und darüber, nämlich wie Berühmtheit gemacht wird, wusste sie, wie wir sehen werden, Bescheid.

Sie hatte es wohl diesem Ruhm zu verdanken, dass sie nun bei Henriette von Wertheimer Sicherheit in der Stellung einer Gesellschaftsdame erlangte. Henriette Wertheimer führte an der Seite ihres Mannes, des Philanthropen Joseph Wertheimer,[2] einen Salon, in dem Paoli mit Grillparzer zusammentraf, Stifter und den bewunderten Lenau kennen lernte – der von seiner Verehrerin zunächst irritiert, aber schließlich doch eingenommen war. Ottilie von Goethe, Joseph von Hammer-Purgstall, Leopold Kompert, Ernst von Feuchtersleben, Hieronymus Lorm und viele andere Berühmtheiten verkehrten in diesem Hause. Dieser Sprung in die große Gesellschaft wird sie »zu einer der bedeutendsten Erscheinungen in den Wiener Salons« machen, wie ein Prager Blatt später über sie schreiben wird,[3] aber bereits 1843 steigt sie gesellschaftlich noch höher: Sie wird Vorleserin bei der Fürstin Marie Anna Schwarzenberg, »Nannerl«,[4] Witwe des Feldmarschalls Karl Philipp Fürst von Schwarzenberg. Sie wird dieser Zeit im Jakober-Hof, in der Nähe des Stubentores, mit großer Dankbarkeit gedenken:

Es ist wenig Gutes in mir, dessen Ausbildung ich nicht ihr verdanke. Was die Erziehung in mir versäumte,

---

1 Ebda

2 Wozonig, S 83. Henriette Wertheimer (1804–1888); Joseph Wertheimer (1800–1885), er errichtete die erste »Kinderverwahranstalt«, die Bildung für arme Kinder einschloss.

3 Charakteristik, S 208

4 1767–1848, von Geburt eine Gräfin Hohenfeld, erste Ehe mit Paul Anton Fürst Esterházy, nach dessen Tod in zweiter Ehe mit Fürst Schwarzenberg

hat der Verkehr mit diesem ganz großen reinen Charakter nachgeholt.[1]

Von der Höhe dieses Hauses aus genoss sie einen umfassenden Überblick – über große Persönlichkeiten, über politische Zusammenhänge: »[...] ihr Blick [beherrschte] von dort aus alle großen Ereignisse auf dem Welttheater, die der verflossenen und der gegenwärtigen Tage.«[2] Und sie begleitete die Fürstin auf Reisen, die sie z.B. in die Salons von Bettina von Arnim oder Rahel Varnhagen führten. Stifter hat in seinem Roman *Nachsommer* die Beziehung zwischen der Fürstin und ihrer Gesellschafterin in eine Szene eingebaut:

> *Diese Vorleserin war aber keine bloße Vorleserin, sondern vielmehr eine Gesellschafterin der Fürstin, die mit ihr über das Gelesene sprach, und die eine solche Bildung besaß, dass sie dem Geist der alten Frau Nahrung zu geben vermochte, so wie sie von diesem Geiste auch Nahrung empfing.*

Die Rolle der Gouvernante, der Gesellschaftsdame, der Vorleserin war anstrengend, sie ließ keine Abgrenzung zu, bedeutete ausgeliefert zu sein: »Wie oft mein Innerstes bezwingen, / Mich fügen fremdem Machtgebot!«[3] Wenn auch Betty Paoli bei der Wahl dieser Posten von Glück begünstigt war, ergab sich doch eine Zeit der Entfremdung zwischen ihr und der Fürstin, die sich auf Bettys Stimmung so sehr schlug, dass sie mit Hilfe des Sohnes Friedrich (Fritz) Schwarzenberg Urlaub und finanzielle Unterstützung für eine längere Reise erwirkte, die ihr die dringend nötige Distanz ermöglichen sollte. »Ich bin so leidend

1 Autobiographische Skizze, von BP für Leopold Kompert: Betty Paoli. In: Album österreichischer Dichter. Neue Folge. Bd. 1. Pfautsch & Voß, Wien 1858, S 81–87

2 Charakteristik, S 204

3 BP: Wer nie sein Brot mit Thränen aß. Gedichte, S 75

und so verstört«, »So wie ich jetzt bin, kann mein Umgang niemandem auf der Welt zur Zerstreuung und Erheiterung dienen«.[1] Sie »diagnostiziert an sich eine psychische Krankheit«, ist dadurch »nicht gesellschaftsfähig« und »ihrer Umgebung – besonders ihrer Arbeitgeberin – nicht zu[zu]muten«.[2] Eine typische Paoli-Strategie, auf die ich noch später eingehen werde. Diese Reise führt sie 1846 nach Italien, heilt sie zwar nicht, die Reiseschilderungen wird sie aber in den 70er Jahren im *Lloyd* veröffentlichen.[3]

Inzwischen spitzte sich der Hass der Bevölkerung auf das Regime von Metternich zu. Die Arbeiter stürmten die Fabriken in den Vorstädten und zerstörten die Maschinen, Metternich musste fliehen. Die Intellektuellen bejubelten die proklamierte Pressefreiheit und die Zusicherung einer liberalen Verfassung. Auch Fürstin Schwarzenberg, die Metternich vorwiegend wegen seines Undanks gegenüber ihrem verstorbenen Mann, dem Feldmarschall, hasste, wurde auf ihrem Sterbelager am 13. März »eine letzte Genugtuung« über Metternichs Sturz.[4] Betty Paoli, inmitten ihrer Trauer über den Tod der Fürstin, freute sich über die politische Hoffnung, die »neu gewonnene Freiheit«, »dieser Tag gehörte zu den seltenen, an denen wir das Ideal zur Wirklichkeit verkörpert sehen«.[5] Ihre anfängliche Begeisterung wich aber bald dem Entsetzen und der Abscheu, als sie auf der Straße Lynchszenen beobachtete: »[...] jetzt aber ist die Zeit gekommen, wo uns die Karikatur dieses heiligen Ideals in blutiger Scheußlichkeit entgegentritt.«[6]

Nach dem Tod der Fürstin wurde Paoli von Fritz Schwarzenberg unterstützt, er ermöglichte der treuen Gefährtin

1 Aufsätze, S XXIX

2 Wozonig, S 110

3 Wozonig, S 111

4 Charakteristik, S 205

5 BP: Brief an Stifter vom 18. Okt. 1848, zit. in: Wozonig, S 50

6 BP: Brief an Stifter, ebda

seiner Mutter abermals ausgedehnte Reisen nach Italien, Frankreich und Deutschland. Kurze Zeit war sie Gesellschafterin der Gräfin Bünau in Dahlen bei Dresden, nach deren Eheschließung kehrte sie aber nach Wien zurück. Mit der bürgerlichen Revolution hatte sich der Bedarf an Gesellschafterinnen bei adeligen Damen stark verringert: Es ist »leider keine Nachfrage nach einem solchen Luxusartikel wie ich, ebenfalls leider! einer bin«.[1]

Ihre letzte Stelle als Gesellschaftsdame tritt sie 1852 bei der Gräfin Bagréeff-Speransky an, für die sie als kultureller Lockvogel in ihrem Salon dient. Damit stand Betty Paoli die »nötige Infrastruktur dieser bedeutenden sozialen und kulturellen Institution zur Verfügung«.[2] Leider versuchte sich die Gräfin als Dichterin und langweilte mit den Ergebnissen nicht nur Paoli, sondern auch Grillparzer:

> *Dazu habe ich noch einen neuen Roman der Bagréeff lesen hören müssen, der mich […] in Verlegenheit setzte, da ich nicht wusste, wie ich ihr diesen Eindruck auf die schonendste Art beibringen sollte.*[3]

Betty schrieb gequält an Fürst Schwarzenberg: »[…] ich kann nicht loben, was mich gähnen macht« und beendete das unerfreulich gewordene Arbeitsverhältnis.[4]

Ohnedies war sie auf dieses Einkommen nicht mehr angewiesen: Sie gab Unterrichtsstunden in Stilistik und Literaturgeschichte, »die der viel bewunderten Dichterin und Schriftstellerin glänzend honoriert wurden«, wie Marie Ebner von Eschenbach in ihrem Nachruf berichtet[5] und hatte

---

1 BP: Brief an Friedrich Schwarzenberg, zit. in: Eigensinn und Widerstand, S 39

2 Wozonig, S 101

3 Aufsätze, S LXXXII

4 Aufsätze, ebda

5 Vorwort Marie v. Ebner-Eschenbach: Betty Paoli. In: Gedichte von Betty Paoli. Auswahl und Nachlaß. Stuttgart 1895, S XIV. Die finanzielle Lage blieb aber für Paoli bis in die Mitte der 50er

in der neuen Presselandschaft ihren festen Platz gefunden – und zwar als Journalistin unter Vertrag. »Für die prominenteste Zeitung, die *Presse,* und für deren Nachfolgerin, die *Neue Freie Presse,* sowie für den von Eduard Warrens geleiteten *Lloyd* verfasste Paoli Feuilletonbeiträge.«[1] Und nicht nur für diese, ihre Beiträge erschienen auch in ausländischen Zeitschriften.[2] Das Feuilleton wurde Betty Paolis Domäne, und sie nutzte es bereits im August 1848 für politische Betrachtungen:[3]

> *Ihr wollt die Freiheit? Wohlan, auch mein Herz glüht nach ihr! Aber ihr wollt sie um jeden Preis und ich weiß, dass sie nie um den Preis eines Verbrechens erkauft ward.*[4]

Paolis glänzender Stil und ihre kulturelle Kompetenz prädestinierten sie für das Kulturressort. Als Rezensentin zu Literatur, bildender Kunst und Burgtheater hatte sie enormen Einfluss. Glücklich jene, die sie der Kritik für würdig befand: Annette von Droste-Hülshoff entriss sie der marginalen regionalen Bekanntheit in Westfalen, C. F. Meyer wurde durch sie berühmt, Nikolaus Lenau sonnte sich in ihrem Lob, Ferdinand von Saar wurde von ihr gefördert und die junge Ebner-Eschenbach empfand sich nach den Ermunterungen der gefürchteten Kritikerin »wie in Drachenblut gebadet«.[5] Heinrich Laube, Direktor des Burgtheaters, wiewohl mit ihr befreundet, musste ihre Kritik fürchten.

Stefan Zweig schreibt später über die *Neue Freie Presse*:

Jahre des 19. Jahrhunderts angespannt.

1 Wozonig, S 57

2 Aufsätze, S V

3 »Deutsche Briefe I« in: Die Presse, 25. August 1848

4 »Deutsche Briefe II« in: Die Presse, 29. August 1848

5 Marie v. Ebner-Eschenbach: Tagebücher. Bd I-III. Hg. und kommentiert von Karl Konrad Polheim. Tübingen 1989ff. Hier Bd. II. 1871–1878, S 406

Dieser Tempel des ›Fortschritts‹ barg nur noch ein besonderes Heiligtum, das so genannte ›Feuilleton‹, das [...] die gediegensten und vollendetsten Aufsätze über Dichtung, Theater, Musik und Kunst [...] publizierte. [...] Wer auf der ersten Seite schrieb, hatte seinen Namen für Wien in Marmor gegraben.[1]

Ab 1865 nutzt Betty Paoli diesen Ort, um zur Frauenfrage Stellung zu nehmen und den Zugang der Frauen zu Bildung und Beruf zu fordern.
1855 erfährt ihr Privatleben eine bedeutende Änderung: Sie lernt Ida Fleischl von Marxow kennen und verbringt zunächst den Sommer in deren Badner Sommerhaus:

Ich wohne sehr hübsch, in einem großen, freundlichen, völlig separierten Zimmer, habe an Ida Fleischl einen angenehmen, anregenden Umgang, von dem ich nicht zu fürchten habe, er dürfte mir gewisse gesellige Pflichten auferlegen.[2]

Später zieht sie in deren großzügigen Haushalt, wo sie bis zu ihrem Lebensende bleiben wird. [3] »Ein Zimmer für sich allein« – darum beneidet sie auch Marie von Ebner-Eschenbach, wenn sie anmerkt: »Die Erfüllung des Traumes eines jeden Schaffenden, alle Annehmlichkeiten, alles Behagen des Familienlebens ohne eine seiner Verpflichtungen«.[4]
Es ist ein Leben in Gesichertheit, in Behaglichkeit, ein Leben im kulturellen Austausch, ein Leben mit Theaterbesuchen, mit Reisen und mit schriftstellerischer Arbeit bis zuletzt. Nicht zu vergessen die Tarockpartien mit Ida und

---

1 Stefan Zweig: Die Welt von Gestern. Erinnerungen eines Europäers. Frankfurt/M. 1994, S 122f

2 BP zit. in: Charakteristik, S 212

3 Ida Fleischl von Marxow (1824–1899). In ihrem Haushalt lebten ihr Mann Carl, ihre Söhne Ernst, Otto, Richard und ihre Mutter.

4 E-E in: Gedichte, S XIV

Betty Paoli, Marie von Ebner-Eschenbach und Ida von Fleischl-Marxow beim Tarock

Marie Ebner-Eschenbach, die sich auf jeden zweiten Nachmittag gesteigert hatten. Begonnen wurden diese Nachmittage meistens mit der Vorlesung eines Werkes oder eines Briefes. Erst danach hieß es: »Spielen, spielen!« Der Maler und Kunstkritiker Friedrich Pecht fragte einmal »höchst unwirsch, ob denn drei vernünftige Frauen wirklich nichts Besseres zu tun hätten [...], als Tarock zu spielen«, berichtet Marie Ebner-Eschenbach, dann sagte Betty »einen Ultimo an, der ein größeres Wagnis war als Hannibals Zug über die Alpen«.[1] Sie wussten übrigens schon anderes, »Besseres«: Sie studierten gemeinsam Sanskrit und die Kabbala.[2]
Sonst aber saß Betty Paoli in ihrem behaglichen Zimmer, in dem, »wann immer man bei ihr eintrat, zitternde blaue Rauchwölkchen die Luft erfüllten«. »Ob das Schreiben oder das Rauchen ihr unentbehrlicher war [...], wer wüsste das zu sagen!«, schreibt Helene Bettelheim-Gabillon, und es mag den Raucherinnen ein Trost sein, dass Betty Paoli mehr an einem Nervenleiden als an der Lunge gelitten hat. Ihr Hausarzt war übrigens Josef Breuer, der gemeinsam mit Sigmund Freud Studien über Hysterie verfasste. Mit achtzig Jahren starb sie – im Sommer, den sie nicht mochte, weil da die meisten Freundinnen und Freunde fort waren.[3] Und so folgten auch wenige ihrem Sarg.[4] Marie Ebner-Eschenbach verfasste in aller Eile an ihrem Urlaubsort St. Gilgen einen Nachruf, der in der *Neuen Freien Presse* erschien und mit dem sie nicht zufrieden war: »Elendes Gezirpe« nennt sie es Breuer gegenüber.[5]

---

1 E-E in: Gedichte, S XXI

2 Vgl. Karl Hugo Zinck: Betty Paoli und Dr. Josef Breuer in ihrer Zeit. In: Vierteljahresschrift des Adalbert Stifter-Instituts 25 (1976), S 143–159

3 Charakteristik, S 245

4 Gertrude Josefine Meinel-Kernstock: Dora von Stockert-Meynert und der Verein der Schriftstellerinnen und Künstlerinnen in Wien. Diss., Wien 1948, S 157

5 Wozonig, S 29

Ehrengräber-Gruppe 0 an der östl. Friedhofsmauer, 1. Reihe Nr. 15

Betty Paoli war der Glaube an ein Fortbestehen nach dem Tode abhanden gekommen, sie bezeichnete »das Menschenlos in seiner Qual« als »die verruchteste der Lügen«,[1] im folgenden Gedicht findet sie dafür einen ironischen Ausweg:

Wenn wir am Ende unsrer Bahn,
Was wird mit uns geschehen?
Das Jenseits, ist es nur ein Wahn,
Der mit uns wird verwehen?
Ein Wahn die ew'ge Höllenglut,
Der ew'gen Wonnen Helle?
Ich rate dir, sei brav und gut,
Das taugt für alle Fälle.
BETTY PAOLI[2]

Ihre Grabinschrift hatte sie sich schon Jahrzehnte vorher geschrieben:

Die hier im dunkeln Grabesschoosse ruht,
Nach langen Kampfes Mühsal und Beschwerde,
Wie jedes andre arme Kind der Erde
War sie ein Doppellaut von Schlimm und Gut.

Nichts unterschied sie von der großen Schaar,
Behaglich athmend in der Lüge Brodem,
Als dass die Wahrheit ihrer Seele Odem,
Und dass getreu bis in den Tod sie war.

Die Stadt Wien, die zu ihrem 70. Geburtstag bereits ein Ölgemälde von ihr hatte anfertigen lassen, ehrte sie auch mit einem Ehrengrab – infolge des verblassten Ruhmes als Dichterin: für Halbberühmtheiten.[3] Der Verein der Schriftstellerinnen und Künstlerinnen, dessen erstes Ehrenmitglied sie an ihrem 70. Geburtstag geworden war, veranstaltete eine Gedenkfeier, Ferdinand von Saar verfasste eine Ode, und der

---

1 Friedrich Beck: Betty Paoli. Brünn, Wien und Leipzig 1906, S 271

2 In: Charakteristik, S 237

3 Wozonig, S 25

Burgschauspieler Josef Lewinsky hielt seine Rede für die »Auserwählte«, die einer Hymne gleicht.

Programm der Feier:

Vocalquartett.

Oesterreichisches Damen-Quartett

Frls. *Fanny. Marie, Amalia Tschampa* und *Frieda Perner.*

Requiem,

für die Feier gedichtet von FERDINAND VON SAAR,

vorgetragen von

Herrn *Ludwig Gabillon*, k. u. k. Hofschauspieler.

Dichtungen

von BETTY PAOLI — Frl. *Adrienne Kolá.*

Gedenkrede

auf BETTY PAOLI — Herr *Josef Lewinsky*, k. u. k. Hofschauspieler.

Vocalquartett.

Oesterreichisches Damen-Quartett *Tschampa.*

Programm der Gedenkfeier für Betty Paoli des Vereins der Schriftstellerinnen und Künstlerinnen in Wien am 24. Jänner 1895

Die Frauen

Das war die Freiheit, die sie für ihr Geschlecht anstrebte
Betty Paoli *im Nachruf auf Julie Rettich*

Gleich zu Beginn meiner Bekanntschaft mit Betty Paoli fiel mir ihre prononcierte Aufmerksamkeit für Leben und Werk von Frauen auf: Sie rezensierte literarische Arbeiten von Frauen, begleitete ihr Schaffen oft jahrelang, um sicherzustellen, dass es Anerkennung erfuhr (wie etwa bei Droste-Hülshoff), sie widmete ihre eigenen Werke häufig Frauen, sie befasste sich mit der Frauenfrage, sie lebte mit Frauen zusammen ... Das alles zog mich in seinen Bann, weil es – zumal für diese Zeit – ungewöhnlich ist. Selbstverständlich hat die Lyrikerin Grillparzer verehrt, hat Lenau bewundert, hat sich um die Beachtung des Werks von C. F. Meyer bemüht, Feuchtersleben und Saar große Rezensionen gewidmet, aber sich so ausführlich um die Werke von Frauen zu bemühen und ihnen beharrlich prominenten Platz einzuräumen, in einem Leben, das im Rahmen des gesellschaftlichen Konsenses bleibt oder zu bleiben scheint, das drängt nach eingehender Betrachtung.
Barbara Elisabeth Glück, ein überaus bildungshungriges und lernfähiges junges Mädchen, musste die Unmöglichkeit, zu regulärer und systematischer Bildung zu kommen, sehr schmerzhaft empfinden. Sie war auf die private Initiative ihrer Mutter angewiesen, die mit einem planmäßigen Vorgehen sicher überfordert war. Eine Zeit lang konnte Betty am Unterricht eines Oberstufengymnasiumschülers partizipieren. Das meiste, was ihre Bildung ausmachte, hat sie sich selbst beibringen müssen. Die Ungerechtigkeit, die in der Ausgrenzung weiblichen Wissensdurstes lag, wurde Anstoß, sich mit weiblicher Sozialisation zu befassen. Ihre Feuilletons zur Frauenfrage haben den Zugang zu Bildung und Beruf zum zentralen Thema. Dadurch schärfte sich

wohl ihr Blick für kreative Leistungen von Frauen und sensibilisierte sie für deren Rezeption. Dazu kamen ihre Stellung als Gesellschaftsdame bei klugen und gebildeten Frauen und die Salons, die von selbstbewussten Frauen dominiert wurden, von welchen eine beachtliche Faszination ausging.

Betty Paoli, die bereits als junges Mädchen dazu verdammt war, sich als Gouvernante zu verdingen, erfuhr ein ähnliches Schicksal wie die Schwestern Brontë. Im Gegensatz zu den englischen Schwestern dürfte sie es mit ihrer mehrjährigen Stelle in Polen gut getroffen haben. Sie kannte auf diese Art beide Seiten des Bildungswunsches: jene des Wissensdurstes und jene des aufklärerischen Anspruchs, Wissen zu vermitteln.

Persönlich wird sie mit ihren frühen Veröffentlichungen Zuversicht und Selbstbewusstsein erlangt haben, aber besonders ermutigend war wohl auch die Begegnung mit eindrucksvollen Frauen, denen sie in der Folge Novellen und Gedichteditionen widmete: Die Novellensammlung *Die Welt und mein Auge*[1] widmete sie Ottilie von Goethe, die in Wien einen Salon führte. Bettina von Arnim, die sie in Berlin kennen gelernt hatte, war 1845 die Gedichtsammlung Romancero[2] gewidmet: »als Zeichen des Dankes für tausend unvergängliche Genüsse [...], weil jene Tage wie eine heitere Glückseligkeit aus meinem Leben hervorragen [...]«.[3] Henriette Wertheimer widmete sie den dritten Novellenband, Ida Fleischl-Marxow zugeeignet waren *Neueste Gedichte*[4], die 1870, also nach fünfzehnjährigem Zusammenleben mit Ida erschienen, darin *An Ida*: »Dass deiner Liebe heller Strahlenkranz / Auf meine Stirn sich mochte niederlassen«.

1 Bd I-III, Heckenast, Pest 1844

2 Wigand, Leipzig 1845

3 In: Charakteristik, S 201

4 Gerold, Wien 1870

Der Salon – Betty Paoli liebte diesen Ort des geistigen Austausches. Im Feuilleton *Unsere Geselligkeit* beklagt sie den Niedergang der Salons durch zu große Prunksucht, der »übertriebene Luxus« lässt »keine wahre Geselligkeit aufkommen«, »was nur Mittel sein sollte, wird zum selbständigen Zweck«, der nur »Langeweile und Steifheit« gebiert. Seufzend malt sie die Erinnerung an den Salon des Fräulein Solmar in Berlin:

> *Mit Recht galt er für einen der interessantesten der preußischen Residenz; [...] Von einem Bekannten des Hauses eingeführt, ward es auch Fremden leicht, dort Zutritt zu erlangen. Man unterhielt sich über die Tagesereignisse, man debattierte über Politik, Kunst und Literatur, nicht oberflächlich, wie der fälschlich gut genannte Ton es vorschreibt, nicht schwerfällig wie eine Pedanten-Versammlung, sondern mit der heiteren Unbefangenheit, die ein Attribut echter Bildung ist, ernst oder launig, wie die augenblickliche Stimmung es mit sich brachte.*

Fräulein Solmar gebot über keine luxuriösen Mittel: »Ihr Salon war ein großes Zimmer, die Einrichtung desselben anständig und bequem, doch ohne den geringsten Anspruch auf Eleganz.« Die Dame des Hauses war »geistvoll und liebenswürdig, aber weder jung noch schön, weder eine Berühmtheit noch im Besitz eines Vermögens«, dennoch versammelte sich in diesem Raum »ein Kreis, wie er geistreicher, gebildeter und anregender kaum gedacht werden kann«.[1]

Betty Paolis Tagebücher, kurz und sachlich gehalten, listen diese anregenden Begegnungen als Alltäglichkeit auf: Außer den bereits vorher erwähnten Salonnièren sind es Iduna Laube, Fanny Elßler, Auguste von Littrow, Flora Galliny (Pseudonym Bruno Walden), Rosa Gerold. Sie begegnet

---

1 Feuilleton: Unsere Geselligkeit, Neue Freie Presse, 13. Juni 1867

der Druskowitz, Marie von Najmájer, sie besucht die »allgegenwärtigen« Schwestern Fröhlich, Anna und Josefine, die erfolgreichen Musikinterpretinnen und -pädagoginnen, und Kathi, die »ewige Braut«, die im gleichen Hause wie der von Paoli so verehrte Grillparzer wohnten,[1] und erweitert die Liste auf ihren Reisen: Rahel Varnhagen in Berlin, die Komponistin Pauline Viardot[2] in Baden-Baden. Selbstverständlich verkehrten viele dieser Frauen auch im Hause Fleischl-Marxow und Betty Paoli empfing Besucherinnen in ihrem großen gemütlichen Zimmer: »Die Liste der Besucher Paolis (auch sie selbst gab von Zeit zu Zeit Gesellschaften) [...] ist lang.« [3]

»Wie die schönsten Dinge auf Erden, die Kunst und die Poesie, ist die Geselligkeit die duftige Blüte eines erhöhten geistigen Lebens, der sonnig heitere Ausdruck einer echten Kultur«, so schwärmt sie im Feuilleton.[4] Vom Eindruck, den diese hervorragenden Frauen bei ihr hinterließen, erfahren wir vor allem aus ihren Rezensionen, aus ihren Gedichten und aus ihrem Briefwechsel: An Iduna Laube, die sie bereits 1844 in Leipzig kennen gelernt hatte, »habe ich erst recht mein Herz verloren. Sie ist heiter, sicher, fest und im höchsten Grade bedeutend.«[5] Über den Eindruck, den sie selbst hervorgerufen hat, berichtet Marie Ebner-Eschenbach: »Kleine Soirée bei Fanny Elßler. [...] Fräulein Wildauer [...] [sprach] albernes Zeug. [...] Dafür aber Betty Paoli! Eine Minerva, eine Olympierin. Imposant gescheit und hinreißend, wenn sie sich herablässt liebenswürdig zu sein.«[6] »Dem geheimnisvollen Zauber ihres Blickes konnte

1 Frauenkalender, S 140
2 Wozonig, S 115
3 Wozonig, S 96
4 Unsere Geselligkeit, ebda
5 Aufsätze, S XXVI
6 E-E: TB 7. Dez. 1865

sich niemand, zu dem sie die großen Augen fest und ruhig aufschlug, entziehen.«[1]

Wenn sie sich herabließ liebenswürdig zu sein – ja, sie konnte durchaus schwierig sein, die große Betty Paoli, und ihr Urteil war gefürchtet: »Leider habe ich die Torheit gehabt B. Paoli einige Gedichte vorzulesen. Wie Recht hatte Ida mir davon abzuraten – es war peinigend – unerfreulicher, als sie sich zeigte, ist's unmöglich zu sein.«[2] Ein andermal notiert Ebner-Eschenbach über einen Abend mit ihr und Ida Fleischl: »B. Paoli hat uns heute als Gänse behandelt, war ungnädig.«[3] Auch Idas Haushalt litt manchmal unter ihren unberechenbaren Launen. Marie Ebner-Eschenbach empörte sich: »B. Paoli ist wieder zum Kreuze gekrochen. Welch eine Hausgenossin. Sie kann nur bei Heiligen wohnen bleiben.«[4]

Was sie an Ida hatte, wusste aber Betty Paoli von Anfang an zu schätzen: »Ida tut alles, was sie mir an den Augen absehen kann, und besitzt, was noch wesentlicher, jenen feinen Takt des Herzens, der die Bedürfnisse einer fremden Natur zu erraten versteht.«[5] Über die Wirkung von Ida Fleischl-Marxow, von der leider kaum schriftliche Aufzeichnungen vorhanden sind, gibt das Tagebuch von Marie Ebner-Eschenbach Aufschluss: »Gescheite, superiore Frau u. so viel Humor!«[6] Die zurückhaltende Ida Fleischl war Mittelpunkt eines Wiener literarischen und medizinischen Zirkels.[7]

Der Umgang mit der manchmal launenhaften Dichterin war aber vor allem bereichernd. Ebner-Eschenbach ist

---

1 E-E in: Gedichte, S XVI

2 E-E: TB 2. März 1872

3 E-E: TB 29. Dez.1871

4 E-E: TB 2. April 1872

5 Wozonig, S 167

6 E-E: TB 18.April 1866

7 Gisela Brinker-Gabler (Hg.): Dt. Lit. v. Frauen, S 71

durch ihre strenge Kritik ermutigt: »Dass Sie eine poetische Natur sind, ist außer allem Zweifel«,[1] eine Bestärkung durch Paoli hat wirklich Gewicht. Am 23. November 1872 kann Marie notieren: »Zum ersten Male sprach sie mir wirkliche, warme, herzliche Anerkennung üb: [über] eine meiner Arbeiten aus.« Die Freundschaften, die Betty Paoli schloss, galten meistens für ein Leben, sie setzten sich oft auch bis zu den Enkeln fort. Und sie konnten sehr zärtlich sein: »Die Paoli vergalt es [Ida, ihr eine Heimstätte gegeben zu haben] [...] durch eine beständig wachsende und sich vertiefende Freundschaft, in die die leidenschaftliche Liebessehnsucht ihrer Jugend allmählich mündete.«[2]

Wie zärtlich? Im Buch *Die Frauen Wiens* wurde das Gedicht an Ida, das ich zu Anfang dieses Aufsatzes zitiert habe, dem Artikel von Hanna Hacker *Über Liebe und Unzucht zwischen Frauen* illustrativ beigestellt, aber das heutige Etikett ist für Beziehungen des 19. Jahrhunderts nicht anwendbar:

> *Sehr wenige Frauen in der Geschichte haben sich offen zu ihrem Lesbischsein bekannt, während ihre Frauen liebende Haltung in ihren Gedichten und Schriften oft zum Ausdruck kommt. Nun wurde früher generell über sexuelle Präferenzen nicht gesprochen – auch wie weit sich Frauen mit Männern einließen, wurde nicht Papier, das war zu gefährlich. Im Übrigen war an ein Ausleben außerehelicher Erotik ohnedies kaum zu denken. Aber es hat Zärtlichkeit gegeben zwischen Frauen. Eine Intimität, die wir heute auch in der Frauenszene nicht so alltäglich vorfinden. Zärtlichkeiten, innige Liebesbriefe und Gedichte wurden ausgetauscht, und auch die Herren gingen um die Jahrhundertwende eingehängt auf der Straße, mussten*

1 In: Charakteristik, S 238

2 Frauenkalender, S 141

deswegen nicht einmal Freunde sein, sondern es war einfach eine Selbstverständlichkeit.[1]

Ida war Ehefrau und Mutter, »und lange Zeit war diese Lebensform [Paoli/Fleischl] nicht als Normbruch sichtbar«, schreibt Karin Wozonig, die sich kritisch mit den identitätsstiftenden Versuchen, eine Tradition lesbischer Frauengemeinschaften herzustellen, befasst. Romantische Seelenliebe oder körperliche Zärtlichkeit? Wir wissen es nicht, aber die Beziehung dürfte doch irritiert haben: Flora Galliny fand die Gedichte von Betty an Ida »so schrecklich. Es werden sich die Leute darüber lustig machen.«[2] – »Ida liebt mich nach wie vor mit einer Zärtlichkeit, die ich selbst am wenigsten begreife«, schreibt Betty an Ludwig Gabillon nach den ersten Wochen ihres Lebens bei Ida in Baden.[3] Alljährlich gedachte Betty des Tages, an dem sie Ida erstmalig begegnete, am 13. März 1891 notiert sie in ihrem Tagebuch: »Der 38ste Jahrestag meiner ersten Begegnung mit Ida. Sie schenkte mir C. F. Meyers Novellen«[4] – offenbar war es auch für Ida ein Anlass zu feiern. Helene Bettelheim-Gabillon schildert die späten Jahre der Betty Paoli:

> *Zu Hause bei ihrer teuren Ida, der Vertrauten ihrer innersten Gedanken, denn ihre eigentliche Heimat war jener kleine Platz an Frau Idas umfangreichem Schreibtische, an dem in zwei tiefen, bequemen Sesseln die beiden Fraun, zumeist beide rauchend, zusammen sitzen mussten, sollten sie mit ihrem Dasein zufrieden sein.*[5]

---

1 Eva Geber: Ich hoffe, Sie gut zu küssen. Die Frauen Wiens – eine Ver-Führung. In: Wien Lesbisch. Die Stadtverführerin. Milena, Wien 2001. Klare Aussagen wie die Liebesgedichte an Frauen der Marie von Najmájer sind selten.

2 BP: Tagebuch vom 13. März 1891, in: Wozonig, S 174

3 Charakteristik, S 215

4 Wozonig, S 172

5 Charakteristik, S 249f

Dr. Josef Breuer, der Hausarzt, versucht im Juni 1894 den kritischen Gesundheitszustand von Paoli über Ebner an Ida ausrichten zu lassen und Ebner schreibt ihm:

> *Denken Sie nur, wie entsetzlich für Ida es wäre, nicht bei ihrer alten Freundin und Hausgenossin gewesen zu sein, in ihrer letzten Krankheit!*[1]

Aber genau dies geschah: Da Betty sich in den letzten Monaten wieder sehr gut gefühlt hatte, weilt Ida mit Ebner-Eschenbach in St. Gilgen. Nach dem Tod von Paoli schreibt Ebner: »Sie kennen Ida und wissen, dass sie auch jetzt nicht klagt, aber so verloren, so verwebt wie jetzt, habe ich sie noch nie gesehen.«[2]

In der Handschriftensammlung der Stadt Wien fand ich ein Billettlein von Betty Paoli an die bezaubernde Burgtheatertragödin Julie Rettich mit der Bitte um eine Zusammenkunft. Der Text gibt nichts preis, aber die Form nimmt mich gefangen: Warum ein so kleines Billet, warum mit so zierlicher Eleganz gestaltet, warum in zarter Pfirsichfarbe? Unwillkürlich hielt ich es an die Nase, um den Duft zu riechen, der ihm entströmt sein muss.

Die Kinder ihrer Freundinnen schloss Betty Paoli in ihre Zärtlichkeit ein, ganz besonders die Tochter von dem Burgschauspielerpaar Würzburg-Gabillon, Helene – später Bettelheim-Gabillon:

> *[...] immer noch sehe ich Helene in ihrem weißen Piquékleidchen, [...] wie sie mich lange prüfend anblickte und erst dann, wie es schien, mit dem Ergebnis zufrieden gestellt, mir die Hand reichte.*[3]

---

1 Robert A. Kann (Hg.): Marie von Ebner-Eschenbach – Dr. Josef Breuer. Ein Briefwechsel 1889 – 1916. Wien 1969

2 Kann, ebda

3 In: Charakteristik, S 247

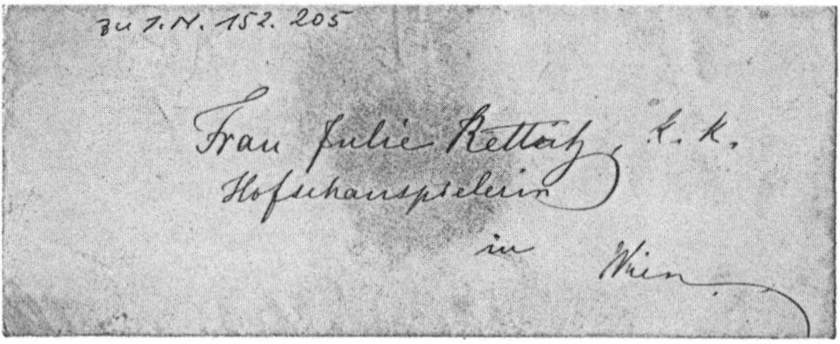

Zu I.N. 152.205

Frau Julie Rettich, k.k. Hofschauspielerin in Wien

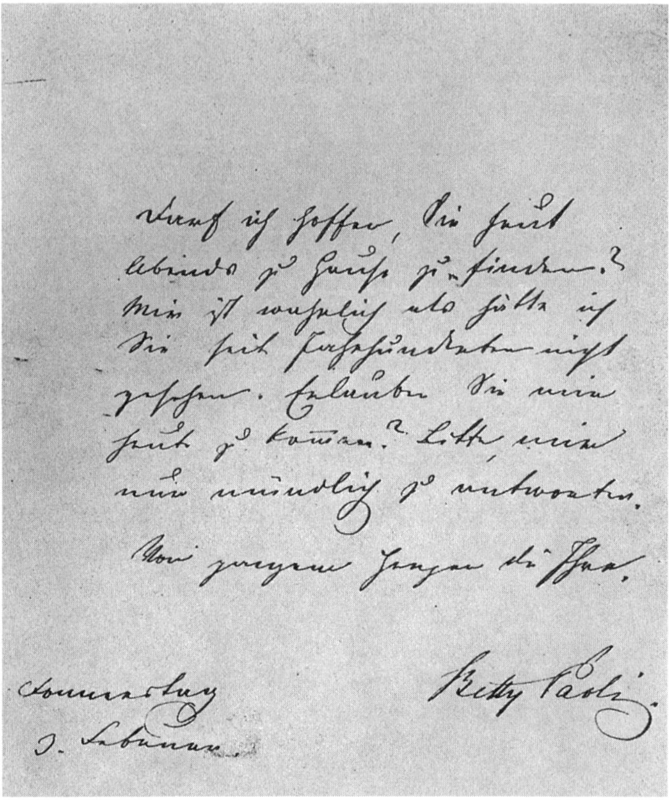

Darf ich hoffen, Sie heut abends zu Hause zu finden? Mir ist wahrlich als hätte ich Sie seit Jahrhunderten nicht gesehen. Erlauben Sie mir heute zu kom̄en? Bitte mir nur mündlich zu antworten.

Von ganzem Herzen die Ihre.

Betty Paoli.

[illegible]

Billet an die Schauspielerin Julie Rettich: »Darf ich hoffen, Sie heut abends zu Hause zu finden? Mir ist wahrlich als hätte ich Sie seit Jahrhunderten nicht gesehen. Erlauben Sie mir heute zu kom̄en? Bitte mir nur mündlich zu antworten. Von ganzem Herzen die Ihre. Betty Paoli«

»Du mir im Herbst erblühter Mai«, dichtet Betty Paoli dankbar *An Helene*[1] und diese schreibt: »So weit ich zurückdenken kann, habe ich Betty Paoli gekannt und lieb gehabt«.[2]

Man kann niemandem die Freiheit schenken, jeder muss sich selbst befreien[3]

Ein frühes Gedicht von Paoli setzt sich bereits kritisch mit der Geschlechterfrage auseinander.

Spotten hör ich euch und zürnen ob der Frauen Wankelmut,
Ob in zarten Mädchenherzen gar zu leicht entbrannter Glut,
Ob der Leere, die da waltet in so manchen Weibes Sinn,
Und wie leicht es Lieb' und Treue gibt für Erdenlust dahin [...]
Lästert feindlich nicht den Frauen! Schmäht ihr sie, so schmäht ihr euch
Denn es sind der Frauen Herzen einem reinen Spiegel gleich:
Selber ist er ohne Makel, doch das Spiegelbild seid ihr,
Will nun dieses nicht gefallen, ei, was kann das Glas dafür? [...]
Betty Paoli: *An die Männer unserer Zeit*

Dieses Gedicht erschien 1832, sie war also 18 Jahre alt. Nach 1848 begannen sich emanzipatorische Strebungen des Bürgertums zu entfalten. Betty Paoli war in die Anfänge der ersten Frauenbewegung eingebunden, die mit der Gründung des »Wiener Frauenerwerbsvereins« u.a. durch ihre Freundin Iduna Laube 1866 manifest wurde. Ihr erstes Feuilleton zur Frauenfrage erschien bereits 1865 – selbstverständlich auf der ersten Seite der *Neuen Freien Presse.* Darin setzt sie sich mit den Forderungen des Ersten Frauenkongresses auseinander, der kurz zuvor in Leipzig statt-

1 Gedichte, S 133

2 Charakteristik, S 248

3 Betty Paoli: Eine Zeitfrage, abgedruckt im vorliegenden Band

gefunden hatte. Paolis Haltung in der Frauenfrage ist nicht kämpferisch, sie kritisiert nicht die Rolle, die der Frau in der Gesellschaft zugewiesen ist, sie hält sie nur für unrealistisch und nicht zielführend. »La raison finira toujours par avoir raison«, meint sie, es ist also die pure Vernunft, die eine Emanzipation der Frauen notwendig macht, und der puren Vernunft kann sich schlicht und à la longue niemand verschließen, das ist nur »Eine Zeitfrage«, wie demnach auch der Titel ihres ersten Beitrags zu diesem Thema lautet. Zu Beginn distanziert sie sich darin beruhigend von den Auswüchsen der Emanzipation und argumentiert:

> *Meint ihr, es sei Übermut, tolle Laune, was sie treibt, das Recht auf Arbeit für sich in Anspruch zu nehmen? Ach wie gerne möchten sie darauf verzichten! Aber sie dürfen es nicht, wenn sie nicht [...] die Achtung vor sich selbst verlieren wollen.*

Zum Verlegensheitsberuf der Gouvernante ist keineswegs jede befähigt, dennoch wird der Gedanke für Töchter des gehobenen Mittelstandes verworfen, durch Handel oder Gewerbe mit »Würde [...] selbst für sich zu sorgen« – »Als ob es eine Schande wäre, seinen Lebensunterhalt zu verdienen!«[1] Die Lage der Frauen der unteren Klassen »ist so unendlich traurig, dass man jede, die sich davon nicht zum Laster verleiten lässt, als Heldin verehren sollte.« Es braucht Bildung und Zugang zur Arbeit, das ist Paolis Tenor in allen ihren Beiträgen, notwendiger als eine ideologische Debatte zu führen, ist die ökonomische Lösung: »[...] die Frauenfrage ist aus der Sphäre der philosophischen und der dichterischen Spekulation auf den Boden der Wirklichkeit herabgestiegen und verlangt nach einer praktischen Lösung.«[2] Dafür ruft sie die Frauen auf, für ihre Emanzipation zu kämpfen, »wie so viele andere früher Unterdrückte,

---

1 Eine Zeitfrage, abgedruckt im vorliegenden Band

2 Wandlungen, abgedruckt im vorliegenden Band

die durch Bildung und Tüchtigkeit sich selbst so glorreich emanzipierten, dass der auf ihnen lastende Druck zum Unding und deshalb endlich unmöglich wurde«.[1]
Die Wege zur Bildung sieht sie, die Sprachgewandte, in England oder Amerika vorgeführt, sie fürchtet keinen sittlichen Verfall durch Koedukation, sieht aber Vorteile in getrenntem Unterricht etwa in Physik, die sie den Mädchen anempfiehlt, mit der Erklärung, sie würden dadurch besser auf den »natürlichen Beruf« der Frau vorbereitet, »eine Argumentationsschiene«, die Paoli »weidlich aus[nützte]«.[2]
Betty Paolis Einsatz für die Emanzipation der Frauen zeichnet sich durch einen strategischen Feminismus aus, der mit den Waffen der Aufklärung kämpft, um einen für alle entwürdigenden Zustand zu beenden. Diese Strategie ergibt durch ihre vorgebliche Angepasstheit, die einen einflussreichen Platz in den Medien zuließ, eine Effizienz, wie sie kurz nach Ende des Biedermeier schwerlich zu übertreffen war. Beeindruckend dabei ist auch die Beharrlichkeit, mit der Paoli das Thema immer wieder anschneidet, so etwa auch im Nachruf auf Julie Rettich, und dabei der patriarchalen Gesellschaft den Fortschritt der Vernunft als deren selbstverständliches Ziel unterstellt.

Geheimnis und Maske

Vorkämpferinnen des Zugangs der Frauen zu Bildung und Beruf wurde »Entartung der Gebärmutter« vorgeworfen.
Cécile Dauphin: *Alleinstehende Frauen*[3]

---

1 Eine Zeitfrage

2 Wozonig, S 127

3 In: Georges Duby, Michelle Perrot: Geschichte der Frauen. 19. Jahrhundert, hg. von Geneviève Fraisse und Michelle Perrot. Campus, Frankfurt/M. 1994, S 494

Ein ungewöhnliches Leben zu führen, wie Betty Paoli es von Jugend an tat, ehelos zu bleiben und ökonomisch unabhängig zu sein, das barg die Gefahr gesellschaftlicher Ausgrenzung. »Die allein stehende, volljährige Frau bürgerlicher Herkunft war im herrschenden Diskurs des 19. Jahrhunderts nicht vorgesehen.«[1] Um gesellschaftlich akzeptiert zu sein, war es notwendig, das Schicksal als Geheimnis zu wahren, die dadurch erzielte Mythenbildung zu nützen und das eigene – erfolgreiche – Wirken hinter Masken zu verbergen. Den tragischen Erfahrungen ihrer Jugend verlieh sie nur in ihren Gedichten Ausdruck. Diese Zurückhaltung übte sie aber auch über ihr weiteres Leben: »Betty Paoli hütete die Einzelheiten ihrer Geschicke und die mit ihnen verflochtenen Namen als ihr Geheimnis.«[2] Bezeichnenderweise nennt sie jenes lyrische Produkt, das darüber am deutlichsten berichtet, *Kein Gedicht*:

[...] Doch anders hat sich mein Geschick gewendet,
Ein Kampfplatz nur war meine Lebensbahn;
Der Kindheit Blütenruh war mir entwendet
Und hingeopfert einem eitlen Wahn!

Ich rang dawider, doch es war vergebens,
Und als ich nun entwachsen jener Zucht,
Da drang die feindlich finst're Macht des Lebens
Wild auf mich ein mit ihrer ganzen Wucht.

Mich schirmte keines Freundes treues Lieben,
Durch meinen Frost drang keines Herzen Glut,
Und in die Fremde ward ich fortgetrieben
Ohn and're Stütze, als den eig'nen Mut. [...]
Betty Paoli: *Kein Gedicht*

Der Mythenbildung förderlich waren die schmerzvollen und spektakulären Ereignisse ihrer Jugend, denen das Ge-

1 Wozonig, S 12
2 Beck, S 260

rücht, sie sei das uneheliche Kind eines ungarischen adeligen Vaters, eine glamouröse Note gegeben hatte, und die Liebeslyrik, deren Adressaten undurchdringlich verborgen blieben. Eine schöne Frau, glänzend und humorvoll ebenso wie düster und tragisch, das ist ein Stoff, der die romantischsten Interpretationen hervorbringt.

»Bin ich einmal tot und es will sich jemand die Mühe nehmen, meine Biographie zu schreiben, so kann ich es, leider! nicht hindern, aber solange ich noch auf Erden wandle, fühle ich nicht den mindesten Beruf, vor dem Publikum eine Art Generalbeichte abzulegen«, schreibt sie an Leopold Kompert auf sein Drängen und gibt ihm eine kurze Selbstdarstellung,[1] die er für die neue Folge des *Albums österreichischer Dichter* benötigt. Abgesehen von den Hinweisen in Paolis Lyrik und von Schicksalselementen in der Novelle *Auf- und Untergang*, sind es die Briefe, die Näheres berichten, wenn nicht über Fakten, dann über Gefühle, wie jene, als das junge Mädchen auf sich allein gestellt sich behaupten musste: »Aber mein Leben war doch gebrochen, aus seinen Angeln gerückt, ich passte in kein menschliches Verhältnis mehr hinein.«[2]

Vielleicht ist dies ein Element der Anziehung zu Rahel von Varnhagen, nämlich der Zwiespalt, den sie gegenüber ihrer Herkunft und ihrer Jugend fühlte: »Der Mensch«, so meint Varnhagen sich auf ihr Jüdinsein beziehend, sei »nur in der Fremde er; zu Hause muss er seine Vergangenheit repräsentieren; und die wird in der Gegenwart eine Maske; schwer zu tragen und das Gesicht verdeckend«, zitiert Hannah Arendt und schließt: »Man wird kein zweites Mal geboren.«[3]

Betty Paolis Liebeslyrik zeigt einen leidenschaftlichen, fordernden und unabhängigen Geist. An wen sie gerichtet

1 Album, a.a.O.

2 BP in: Charakteristik, S 195

3 Hannah Arendt: Rahel Varnhagen. Lebensgeschichte einer deutschen Jüdin aus der Romantik. München 1959, Ausgabe 1992, S 204

war, konnte nie entschlüsselt werden, wenn auch manche Männer mit ihr in Verbindung gebracht wurden. Jedenfalls war zumindest einer ihrer Liebe nicht wert, und einen dürfte ihr der Tod entrissen haben:

Was ewig schien, das wäre nun beendet?
Es kann nicht sein!
Kalt hättest du dein Herz von mir gewendet;
Mit Trug den Tempel deines Mund's geschändet?
Es kann nicht sein!
Unselige, die blutend und verblendet,
Nachdem sie ihren Liebeshort verschwendet,
Sich selbst betrügend noch den Ruf entsendet:
Es kann nicht sein![1]

Kühn bis zur Waghalsigkeit sind die Formulierungen der Vorwürfe an einen schwachen Charakter im nächsten Gedicht:

Gefährte mir zu sein auf sel'gem Liebeszug,
War dein Gemüt nicht schwach und war
nicht stark genug.

Nicht schwach, um willenlos sich mir zu überlassen;
Nicht stark genug, mein Selbst gebieterisch zu fassen.

Du wusstest weder Herr noch Sklave mir zu sein,
Und so blieb einsam ich und so bliebst du allein.[2]

Verhalten und still dagegen die Trauer um den Verstorbenen:

[...] nur einmal wagt ich, Besseres zu hoffen;
Verheißend lag vor mir ein schönes Glück;
Doch kaum erblüht, sank es, zu Tod getroffen,
Und eine Wunde nur blieb mir zurück.[3]

---

1 Gedicht Triolet

2 Gedichte, S 169

3 Kein Gedicht

In einem Brief im Jänner 1847 schreibt sie, dass sie »die Möglichkeit des Weiterlebens nicht mehr begriff« – es ist unklar, ob es sich um das Zerwürfnis mit Fürstin Schwarzenberg oder um eine Liebesbeziehung handelt.[1]
Betty Paolis außergewöhnliche Wirkung und Attraktivität beschreibt Friedrich Pecht:

> *Während man sich die Dichterinnen nach alter Tradition gewöhnlich hässlich vorstellt, war diese im Gegenteil bildschön und ebenso verführerisch liebenswürdig als überdies mit dem köstlichsten Humor gesegnet, der sie in Gesellschaft zu einer wahren Perle machte, wenn sie nicht vorzog, sich als Unheil weissagende Kassandra zu geben, was ihre entschiedene Liebhaberei war. Eine glänzendere Vertreterin der Wiener Frauenart wäre aber unmöglich zu finden gewesen, und das Romanhafte ihrer bisherigen Schicksale trug nicht wenig dazu bei, ihre Anziehungskraft zu vermehren. Groß und schlank, mit Augen wie getränkt in Schwarz, vollkommen regelmäßigen Zügen, einem samtartig brünetten Teint und reichem nachtschwarzen Haar, machte sie selbst damals noch, wo sie bereits im 33. Jahr stand, einen bezaubernden Eindruck und schien noch mehr geeignet, Romane zu erleben, als sie zu schreiben [...].*[2]

Ehelosigkeit konnte auch als ein Verweigern der Verantwortung gegenüber der Gesellschaft interpretiert werden, wie sie selbst in ihrem Aufsatz *Die Wandlungen der Frauenfrage* ausführt:

> *Häufig wird der Egoismus [...] für diese Bedenken, eine Ehe einzugehen, verantwortlich gemacht und gewiss fehlt es nicht an Individuen, die ein bequemes Junggesellenleben den Sorgen und Selbstbeschränkun-*

1 Aufsätze, S XXXI

2 Friedrich Pecht: Aus meiner Zeit. Lebenserinnerungen. 2 Bde. München 1894

gen vorziehen, denen ein Familienhaupt sich nicht entziehen kann.

Es empfahl sich daher für Paoli, diese Ehelosigkeit als traurige Einsamkeit zu beklagen – und »als eine Folge des Exzeptionellen der Künstlerseele«, wie sie in ihrem Gedicht *Bekenntnis* bereits 1840 (sie ist 26) schreibt:

[...] Soll ich herab von meiner Höhe steigen,
Entsagen meinem Rechte, meinem Rang,
Um mich vor einem Irdischen zu neigen,
Der nie verstände meines Herzens Drang? [...]

Sie war »zum Lieben und zum Küssen nicht«[1] und wurde »dem Schicksal gegenüber zum wahren Raufbold [...]; der Kampf schreckt mich nicht, in ihm entwickeln sich meine Kräfte«.[2]

Raufbold? Ihr Pseudonym ist der Name des korsischen Freiheitskämpfers Pasquale Paoli (1725–1807), im *Romancero* handelt das epische Gedicht *Maria Pellico* vom sizilianischen Freiheitskämpfer Silvio Pellico, Mazeppa,[3] mit dem sie sich in einem Brief vergleicht, ist der vielfache Held von poetischen Werken, auch Byrons. »Die Leidenschaft ist das wilde Pferd, an das ich gefesselt bin [...]«, schreibt sie in einem Brief, und ein anderes Mal: »[...] ich bin nun einmal wild geboren [...]«.[4] Oder in einem Gedicht: »Mir aber ward solch sanfte Milde / Von der Natur nicht eingeflößt«.[5] Ihre »Dichterseele [...] beschwingt« hat

---

1 Kein Gedicht

2 Aufsätze, S XXXIII

3 Iwan Stephanowitsch Mazeppa (1644–1709), berühmter ukrainischer Kosakenhauptmann, der für die Unabhängigkeit von Russland kämpfte. Er wurde zum Helden zahlreicher künstlerischer Werke: Byron (Gedicht), Bulgarin (Roman), Puschkin (Drama, Grundlage für Tschaikowskys gleichnamige Oper), Vernet (Gemälde).

4 BP in: Charakteristik, S 244

5 Gedichte, S 94

Byron mit seinem *Giaur*[1], dem sie die Bekanntschaft mit der »Poesie des Schmerzes« dankte. Bei ihrer ersten Reise nach Venedig wanderte sie die Orte des Dichters wie eine Pilgerstätte ab. Die »wilden Orgien», die er dort feierte, verurteilte sie nicht – hier fühlt das Genie mit dem Genie.[2] Männlicher Mut und Geist wurden ihr nachgesagt,[3] ein »weiblicher Adler« sei sie, »der vorgeschriebene weibliche Geschlechtscharakter« hatte sich in Paoli »nicht bruchlos manifestiert«.[4] In ihren Novellen, die sie bis in die 50er Jahre des 19. Jahrhunderts verfasste, sind die Frauenfiguren, bis auf eine Ausnahme, starke Charaktere: »Die Frau in Betty Paolis Novellen ist fast immer dunkelhaarig und dunkeläugig (wie die Dichterin selbst); sie besitzt einen regen Geist, einen edlen, stolzen, leidenschaftlichen Charakter [...].« [5]

Nein, Jammer, nie geling es dir,
Verdumpfung mir zu bringen;
Und wenn es donnert über mir,
So will ich lauter singen! [...]
BETTY PAOLI: *Kräftigung*

»Der männliche Blick auf ihre Biographie entdeckt Anomalien, die der Ordnung halber verschwiegen werden«, schreibt Karin Wozonig, auch der »nimmermüde Biograph Wiener Geistesgrößen« Anton Bettelheim, Helene Bettelheim-Gabillons Mann, überließ das heikle Feld, »die dämonische Frau« zu porträtieren lieber seiner Gattin.[6]

---

1 The Giaur, 1813

2 Charakteristik, S 205. Im Übrigen fühlte sie sich wohl auch politisch mit ihm eins, unterstützte er doch den Freiheitskampf der Griechen, der von Metternich als strafbare Handlung »gegen die legitime Herrschaft der Türken«angesehen wurde.

3 Wozonig, S 63

4 Wozonig, S 92

5 Aurelia Rabitsch: Betty Paoli als Epikerin. Diss. Graz 1972, S 15

6 Wozonig, S 28

Ja, es gab Liebeslyrik, die an Männer gerichtet war, aber es gab auch die Fakten, wie und mit wem sie lebte, wie und was sie schrieb! Ute Treder sieht in der »Aktualisierung des romantischen Androgynen-Gedankens« im ersten Gedichtband Paolis »angesichts der desolaten Lage der Frau um 1841 durchaus politische Valeur«.[1] Heinrich Landesmann (=Hieronymus Lorm) empfindet die Maria Pellico im *Romancero* als »Mannweib«, Alfred Meißner die weiblichen Charaktere in den Novellen »aufdringlich« – übrigens sind dies zwei ihrer Dichterkollegen, denen Liebesaffären mit Paoli nachgesagt wurden. Wozonig interessiert in diesem Zusammenhang, dass sie (die Verehrer/Kritiker) »ihren Unmut über weibliches Fehlverhalten« – nämlich, dass sie unverheiratet blieb – »später auf die von Paoli geschaffenen Frauenfiguren ausdehnen«.[2]

Um nicht aus dem gesellschaftlichen Konsens zu fallen, war es notwendig, Strategien zu entwickeln. Wobei zu fragen ist, wie weit das Geheimnis ihres Lebens bereits die Maske ist, die sie trägt, um das Leben zu führen, das sie führen wollte. Ihre Rechtfertigung der Ehelosigkeit habe ich bereits dargestellt, den Genuss der »sozialen Freiheit«[3] entschärft Betty Paoli durch eine notorische Bejahung der häuslichen Geborgenheit. Im *Frauenkalender* von 1947 wird dies als ihr »nie endender Zwiespalt« bezeichnet:

> *Der Geist des neuen Frauentums war ganz der ihre; doch ihr Leben vermochte sie aus altem Boden nicht loszureißen. [...] Für immer unverheiratet, vermochte sie doch nicht als Junggesellin allein zu leben und Frauenfreundschaft musste ihr als Ehe-Heim-Ersatz dienen.*

---

1 Ute Treder: Das verschüttete Erbe. Lyrikerinnen im 19. Jahrhundert. In: Gisela Brinker-Gabler (Hg): Dt. Lit. v. Frauen. a.a.O.

2 Wozonig, S 35

3 Eine Zeitfrage

Des Weiteren wird ihr »eng begrenzter« konventioneller Standpunkt genannt, von dem aus »sie sich ihre Erfolge auf dem weiten Kampfplatz männlicher Tätigkeit« erstritt »und eine Route den Frauen nach ihr« eröffnete.[1] Diese Ausführungen sind in vieler Hinsicht problematisch: Zum einen berücksichtigen sie weder die Zeit, in der Paoli lebte, noch ihre ökonomische Situation. (Eine Marie von Najmájer konnte, geschützt von Namen und Vermögen, sich wesentlich freier bewegen und ihre Liebesgedichte an Frauen verfassen, außerdem ist sie erst 1844 geboren). Zum anderen sind sie schlicht nicht richtig: Paoli lebte als sehr junge Frau, nämlich von 1835 bis 1841, als sie Gesellschaftsdame bei Henriette Wertheimer wurde, allein. Und tat dies nach der ausgedehnten Reisetätigkeit ab 1848 bis zum Zeitpunkt, da sie bei Ida Fleischl-Marxow einzog. »Ich hoffe, morgen meine neue Wohnung beziehen zu können: Obere Bäckerstraße 763.«[2] Der Brief, in dem sie dies berichtet, ist vom Oktober 1855, zu Ida dürfte sie erst später gezogen sein. Der Haushalt Fleischl-Marxow übersiedelte 1876 in die Habsburgergasse 5.[3] Die Abwertung der Frauenfreundschaft als Ehe-Heim-Ersatz berührt doppelt unangenehm, weil sie auch noch mit der Anmaßung einhergeht, von einem fortschrittlicheren Standpunkt aus zu urteilen. Der Aspekt der Liebe der beiden Frauen zueinander – in welcher Weise auch immer – wird gar nicht in Betracht gezogen, obwohl diese Liebe in den Gedichten und Briefen der Paoli klar benannt wird und auch an späterer Stelle in diesem Beitrag Erwähnung findet. (Mit meiner kritischen Haltung zu diesem Zitat lasse ich meinerseits den Zeitgeist

---

1 Frauenkalender, S 137

2 Charakteristik, S 216. Wozonig meint, dies wäre die Fleischl-Wohnung, was mir aus dem Briefwechsel im Zusammenhang mit dem Umzug nicht schlüssig scheint, weil sie über ein Problem, nächtens ins Haus zu gelangen berichtet, das ein Alleine-Wohnen impliziert. Charakteristik, S 216 f

3 Wozonig, S 164

unberücksichtigt: Der Kalender wurde Ende 1946 verfasst, keine zwei Jahre nach Ende des Nationalsozialismus mit seiner Brachial-Heterosexualität.) In der Folge lässt sich der Aufsatz im *Frauenkalender* über die unerfüllte Liebe aus, die diesmal mit der Person des Fürsten Friedrich Schwarzenberg verknüpft ist. Über ihr Liebesleben zu spekulieren, »definitiv ein Anliegen der meisten Biographen Paolis«, und sich über die Ehelosigkeit der schönen Frau zu wundern, ist von »besonderer Langlebigkeit«, notiert Wozonig verdrossen.[1] Die Rezeption von Paolis Leben und Werk lässt sich, wie wir noch weiter sehen werden, »nicht durchgängig geschlechtsspezifisch auftrennen«, die »Norm überschreitende Frau« wurde von Männern ebenso als intellektuelle Persönlichkeit wahrgenommen,[2] wie sie bei Frauen Irritation hervorgerufen hat.[3]

Ich denke, dass Betty Paoli hinter der Maske der Konvention die Freiheit leben konnte, die sie meinte, und dass es ihr diese Maske auch ermöglichte, im Rahmen der Emanzipation der Frauen gegen das alleinige »Lebensziel [...] unter die Haube zu kommen«[4] zu kämpfen. Die gebetsmühlenartig wiederholte Bejahung der »weiblichen Natur« erlaubte ihr ebenso gebetsmühlenartig konsequent die Frauenfrage zu erörtern, wobei sie insbesondere bei der Mädchenerziehung bereits sehr weitreichende Überlegungen anstellt. Dabei war es unausbleiblich, dass Paoli gelegentlich »in schwierige Positionen der Widersprüchlichkeit« geriet.[5] Immerhin impliziert der Traum von Geborgenheit und Schutz noch keinen Verzicht auf Emanzipation, das hat sie in ihren journalistischen Arbeiten ausgeführt. Gleichzeitig

---

1 Wozonig, S 35f

2 Beck z.B. erwartet das Ende des Unterschieds der Geschlechter, S 271

3 Wozonig, S 36

4 Eine Zeitfrage

5 Wozonig, S 124

hat sie der Versuchung, auf dem Kampfross der Freiheitsheldin (Mazeppa) einherzustürmen, die Zügel anlegen müssen, um auf dem Turnierplatz »männlicher Tätigkeiten« in damenhafter Würde, das Visier des Bedauerns heruntergeklappt, zu erscheinen und mit eleganter Feder »das Vorurteil [...] « aufzuspießen, »der beschränkteste Mann« sei zu einer Arbeit »besser befähigt, als die intelligenteste Frau«.[1]

Eine ähnliche Strategie verfolgt Paoli bei der Verschleierung ihres journalistischen Erfolges: Sie deklariert diese Arbeit, die auch noch das Terrain der den Frauen zugeordneten Gebiete der Mode und des Haushalts verließ, als ungeliebte Notwendigkeit des Brotwerbs, die sie auf sich nehmen muss. »Ich komme mir oft vor wie Aschenbrödel: Die Poesie ist die gute Fee, die mir Diamanten und goldstoffene Kleider leiht, um damit zum Königsfest zu fahren; aber das dauert nur kurze Zeit und dann muss ich wieder zurück und in der Küche am Herd mit der vermaledeiten Prosa hantieren [...]«, schreibt sie bereits 1847,[2] wobei sie sich auf die Brotarbeit der Novellen bezieht. Sie »möchte nichts als Gedichte schreiben und [geht] an jede andere Arbeit wie der Bauer zur Robot«.[3] »Doch vom Gedichteschreiben hat noch nie jemand leben können«. führt der Aufsatz im *Frauenkalender 1947* aus, dem die Lyrik dieser Zeit fern steht.[4] Sie selbst schreibt in ihrem Feuilleton *In Sachen der Literatur* 1870 in der *Neuen Freien Presse,* gleichermaßen ein Beispiel für die Eleganz wie für den Witz ihres Stils, über die ökonomische Situation der Schriftsteller:

---

1 Ein Wort Pombals, abgedruckt im vorliegenden Band

2 BP in: Aufsätze, S LXXXIX

3 Brief an Moritz Hartmann, 1847, zit. in: Eda Sagara in: Walter Killy, Literatur Lexikon. Autoren und Werke deutscher Sprache. München 1991

4 Frauenkalender, S 139

Es presst einem das Herz zusammen, wenn man der elenden Verhältnisse gedenkt, mit denen so viele unserer bedeutenden Schriftsteller sich zeitlebens abquälen mussten. [...] Man glaubt auch nicht mehr so allgemein, dass der Schriftsteller von der Luft leben könne, oder dass die von Zeus an den Dichter ergangene Einladung, ihn, so oft er wolle, in seinem Himmel zu besuchen, ein Ersatz für den Mangel an einer sublunaren Wohnung sei.[1]

Der Erfolg ihrer journalistischen Arbeit war Paoli sicher nicht unangenehm, er bedeutete Geld, Einfluss und Macht. Dass sie selbst die von ihr als bedeutend eingestuften Feuilletons zur Herausgabe in Buchform nach ihrem Tod bestimmt hatte, zeigt, dass sie ihrer Arbeit Wert zumaß, während sie nach außen eine »Rechtfertigungsakrobatik« betrieb »gegenüber einem der selbstbewussten, auch intellektuell *nicht* reproduktiven Frau feindlich gesonnenen männlichen Umfeld«.[2]

Letztlich bedurfte auch die Reisetätigkeit Paolis einer Rechtfertigung, da Frauen-Reisen als »unerlaubter Ausbruch« gesehen wurden, »der den Status des Pathologischen hatte«.[3] Nur in Ausnahmefällen wurde Frauen das »Kuriosum« des Reisens erlaubt: »Bildungsreisen, etwa zum Zweck des Kopierens von Kunstwerken oder zum Spracherwerb [...] «[4] Die Arbeit als Gesellschafterin bot Betty Paoli die Möglichkeit, legitim und schicklich zu reisen. Und sie reiste sehr gern: »Ich gehe übermorgen mit der Fürstin nach Prag, von wo wir unsern Pilgerzug nach Dresden, Leipzig, Hamburg, Helgoland antreten sollen.« Sie zittert »vor einem möglichen Widerruf«: »Ich könnte mich

---

1 Neue Freie Presse, 21. April 1870

2 Wozonig, S 47

3 Wozonig, S 107

4 Wozonig, ebda

nicht zufrieden geben, diese schöne Reisehoffnung vereitelt zu sehen.«[1] Es bedurfte für ihre späteren Reisen, zu denen sie allein aufbrach, anderer Strategien: Die psychische Erkrankung, die sie 1846 zwingt, eine Reise anzutreten, um wieder im Sinne weiblicher Rollenanforderung für den Dienst an den Mitmenschen tauglich zu sein.

> *Fernweh, Neugierde oder Abenteuerlust galten in der Welt des Biedermeier nur für Männer als legitimes Motiv, sich in ferne Länder aufzumachen. Für Frauen hingegen war kaum ein Grund gut genug, sich aus ihren häuslichen Pflichten fortzustehlen.*[2]

Das folgende Gedicht nimmt dazu Stellung und liefert der Lust am Reisen eine Begründung, die Neid und Argwohn den Wind aus den Segeln nehmen sollte:

> *So streifet mein Begehren,*
> *Hin durch die weite Welt;*
> *Und wer will mir verwehren*
> *Zu zieh'n, wenn mir's gefällt?*
> *Das Leben steht mir offen,*
> *Mich hält nicht Amt noch Pflicht*
> *Hier fest, und auch kein Hoffen*
> *Und Glück auch wahrlich nicht! [...]*
> BETTY PAOLI: *Reiseprojekte*

---

1 Brief an M. Hartmann v. 2. Juli 1844, zit. in: Wozonig, S 108

2 Wozonig, S 98

Nur wen'ge gibt's, die wissen und empfinden,
Was sich, dass er zu den Erkor'nen zähle,
In einem Künstler muss zusammenfinden:

Ein Herz, im Lieben stark und stark im Hassen,
Ein königlicher Geist und eine Seele,
Die groß genug, das Größte selbst zu fassen!
Betty Paoli: *An Karl Laroche*

Diese Verse hat der Burgschauspieler Josef Lewinsky seiner Rede anlässlich der Gedenkfeier des Vereins der Schriftstellerinnen und Künstlerinnen für Betty Paoli vorangestellt, gleichsam eine Umwidmung an die Dichterin vornehmend. Ihr Stil, die Perfektion ihrer Form, die Schönheit der Sprache sind es, die sie bereits mit dem ersten Gedichtband an die Spitze bringen, die Grillparzer zu den Worten veranlassten, sie sei »der erste Lyriker Österreichs«. Sie ist mit fünfundzwanzig »ein fertiger Meister der Lyrik«, »alles Handwerkliche ist vollendet«.[1]

Die Bewunderung, welche die erste Erscheinung dies lyrischen Genius erregte, wurde durch die Glut der Sprache, die tadellose Schönheit der Verse, die Unmittelbarkeit des Ausdrucks hervorgerufen. Nirgends ist Arbeit ersichtlich, alles mühelos, das rechte Wort fließt von ihrer Lippe mit dem Pulsschlag, der im Augenblick ihr leidenschaftliches Herz bewegt – als hätte es ihr, ohne Nachdenken, ein Gott zugeflüstert.[2]

Stifter schreibt in einem Brief an den gemeinsamen Verleger Heckenast: »[...] das Weib [BP] ist durch und durch Genie«.[3] Die bescheidene Zurückhaltung, die von Dichterinnen im

---

1 Josef Lewinsky: Gedenkrede auf Betty Paoli. Wien 1895, S 10

2 Lewinsky, S 7

3 Eigensinn, S 38

Literaturbetrieb erwartet wurde, war Paolis Sache nicht, ihr großer Erfolg gab dazu auch wenig Anlass. Demgegenüber musste Droste-Hülshoffs erste Veröffentlichung – »Verschlossen bin ich, eingeschlossen / in meiner Träume Zauberturm« – bis zu ihrem 41. Lebensjahr warten.[1] Paolis Lyrik war nicht nur provokant und in der Form sattelfest, sie übertrat damit auch formale Tabus. Den Frauen als Subjekt war in der gesellschaftlichen Artikulation »Schweigen« zugeordnet, nur die Lyrik gestattete dem sprechenden Ich eine zentrale Stellung. »Die Unmöglichkeit, öffentlich Ich zu sagen«, gerade das schließt Paoli mit einem ihrer Gedichte selbstbewusst aus. Provokativ verwendet sie das »Ich« als Titel eines Gedichts und stellt es als Selbstverständlichkeit ins Zentrum jedes der vierzehn Verse.[2]

Ich kann, was ich muss! o seltnes Geschick!
Ich will, was ich muss – o doppeltes Glück.

Mein Herz ist an Stärke dem Felsen gleich,
Mein Herz ist, wie Blumen, sanft und weich.

Mein Wesen gleicht Glocken von strengem Metall:
Schlag kräftig d'ran, gibt es auch kräftigen Schall.

Mein Geist stürmt auf eiligem Wolkenross hin;
Mein Geist spielt mit Kindern mit kindlichem Sinn.

Ich weiß, was ich will! und weil ich es weiß,
Drum bann' ich's zu mir in den magischen Kreis.

Ich weiß, was ich will! das ist ja die Kraft
Die sich aus dem Chaos ein Weltall entrafft.

Ich weiß, was ich will! und wenn ich's erreich',
Dann gelten der Tod und das Leben mir gleich.
Betty Paoli: *Ich*

---

1 Spätes Erwachen zit. nach: Brunhilde Wehinger in: Schreibende Frauen. Frauen Literatur Geschichte vom Mittelalter bis zur Gegenwart. Hg: H. Gnüg und R. Möhrmann, Stuttgart 1989, S 220

2 Wehinger, S 228

In seiner Huldigung bezeichnet Lewinsky Paolis Verstand »durch die Feinheit seiner Tastwerkzeuge« einem männlichen Dichterverstand überlegen, der nur »bei Grubenlicht ans Ziel gelangt«, während der ihre »wie von heller Fackel geleitet« ist.[1] Paolis Lyrik ist paradigmatisch für die Spätromantik, in der Schmerz, Entsagung, Sehnsucht und Einsamkeit die Themen bilden, wobei Melancholie und pathetisches Feuer sich verbinden, und Paolis selbstbewusstkämpferische Glut Spannung erzeugt. Ihre Dichtung gehörte der »vertieften Form« an, während sie »ein Leben in ganz anderen Literaturströmungen führte, als die waren, denen sie selbst angehörte«, so umschreibt Josef Halper[2] den Umstand, dass sie sich einer realistischen Kunstrichtung verweigerte: »Wann immer sich die Kunst zu anderem hergebe, als ›erhabenster Ausdruck‹ und ›höchste Blüte des Geistes- und Gemütslebens einer Epoche‹ zu sein, verliere sie ihre Bedeutung und höre auf, Kunst zu sein«,[3] schreibt Paoli an Stifter, mit dem sie sich eines Sinnes wähnt. Dieser hätte es jedoch gerne gesehen, »wenn sie sich auf den sozialen Roman verlegt«.[4]

Im Rahmen ihrer Lyrik hatte sie selbst die Einordnung als »erster Lyriker Österreichs« nicht mitgetragen, sie reihte sich nach Lenau ein und nach Droste-Hülshoff, »die alle ihre Schwestern in Apoll weit hinter sich zurückgelassen hat«:[5]

[...] und als ich mit dem deinen nun verglich
Den eig'nen Geist, den stürmisch unruhvollen,
Ach wie so dürftig, wie so kümmerlich
Erschien mir da mein Streben und mein Wollen! [...]
Betty Paoli: *Annette v. Droste-Hülshoff*

---

1 Lewinsky, S 14
2 Halper, S 28
3 Wozonig, S 52
4 Wozonig, S 53
5 Dr. Johannes Scherr: Illustrierte Geschichte der Weltlitteratur, II. Stuttgart 1899, S 272

Die ernsthafte Kritik, die sie anderen Werken angedeihen ließ, forderte sie auch für ihr eigenes Œuvre: Als die zweite Auflage der Gedichtsammlung *Nach dem Gewitter* erschien, ersuchte sie Kompert um eine Besprechung im *Lloyd*. Mit seiner Rezension war sie aber nicht zufrieden, weil sie die »Schwächen und ›Eigentümlichkeiten‹« des Werks nicht herausgearbeitet fand.[1] Die Sammlung *Neueste Gedichte*, die 1870 erschien, bezeichnet Lewinsky als »die Krone ihrer Werke«,[2] aber die Rezeption der Lyrik Paolis erfolgt bereits mechanisch, zu fern steht der Zeit ihre »Sakralisierung der Kunst«:[3] »Zum Spiegel einer Spanne Zeit / Wollt Ihr die Heil'ge Kunst erniedern?«, fragt sie in *Die naturalistische Schule* und verweigert sich damit jeder Tendenzdichtung, obwohl sie an der Politik lebhaften Anteil nimmt. In derselben Ausgabe des *Lloyd* 1849, in der J. P. Lyser Häme über jene verbreitet, die sich nur der »schönen Literatur« zuwenden wollen, und nun jammern: »[...] wohin und warum flohest du von uns schöne, vormärzliche Zeit? [...]«,[4] klagt Betty Paoli: »Wir können uns weder nach der alten Welt zurücksehnen, noch uns in der neuen zurechtfinden.«[5] Ihr Schluss aus diesem Dilemma ist aber die Notwendigkeit der Rückkehr zur wahren Poesie, die Kunst als »ein menschliches Bedürfnis, unabhängig von Sozialstrukturen und politischer Ordnung« begreift.[6] Im Nachruf der Ebner-Eschenbach klingt an, dass das Verständnis für Paolis Kunstauffassung zum Ende ihres Lebens vergangen war: »Wer begreift heute noch, dass ein Band reinster Lyrik ohne politische, religiöse, nationale Färbung

---

1 Wozonig, S 85

2 Lewinsky, S 19

3 Wozonig, S 70

4 Wozonig, S 67f

5 In: Wozonig, S 67

6 Ebda

seine Verfasserin mit einem Schlage berühmt machen konnte […]?«[1]
Trotz dieser konservativen Haltung war Paoli durchaus Wegbereiterin von Neuem in der Literatur, und auch die Entwicklung der Bühne interessierte sie bis zuletzt. Ihre Fremdsprachenkenntnisse gestatteten ihr einen weiten kulturellen Horizont.

> *Neben dem unbestreitbaren Vorteil, als ›einzige Person‘ in Österreich Deutsch zu können, wie es Marie von Ebner-Eschenbach bemerkte, beherrschte Paoli aber auch Französisch, Polnisch, Russisch, Italienisch und Englisch, einigen Quellen zufolge auch Spanisch.*[2]

Das ermöglichte ihr internationale Vergleiche, an denen sie das deutschsprachige Lesepublikum in ihren *Bücherschauen* teilnehmen ließ. Gleichzeitig erschloss sich ihr dadurch auch eine weitere Einnahmequelle durch Übersetzungen vor allem französischer Stücke, wofür sie das Pseudonym Branitz verwendete: »Burgtheater. Gringoire von Banville, ein allerliebster Einakter, von Betty Paoli vortrefflich übersetzt […]«, notiert Ebner-Eschenbach am 13. Jänner 1867 in ihr Tagebuch und führt in ihrem Nachruf auf Paoli aus:

> *Niemand verstand besser sich dem Original anzuschmiegen und den Geist des Autors aus der Übersetzung leuchten, die Pointen des Dialogs feiner ausgeschliffen funkeln zu lassen.*[3]

Dieser durch die Internationalität geschärfte Blick erweiterte ihre geistige Unabhängigkeit, die sie auch vor einer katholisch verengten Sichtweise bewahrte. In ihrem Tagebuch ist kein Kirchenbesuch vermerkt, sie wird die familiären Feste im Hause Fleischl-Marxow im jüdischen Ritus

---

1 E-E in: Gedichte, S X
2 Wozonig, S 75
3 E-E in: Gedichte, S XVII

mitgefeiert haben. Als sie nach dem Tod ihres geschätzten Freundes und Förderers Leopold Kompert einen Nachruf verfasste, in dem sie sein Engagement für die soziale Integration der Juden würdigte, trug ihr dies eine »Beschimpfung« als »Judenfreundin« durch Georg Ritter von Schönerer ein.[1]
Paoli setzte in ihren Feuilletons Perfektion, Eleganz und Souveränität ihres Stils in den Dienst der Aufklärung, bestrebt, Vernunft und Gerechtigkeit in der Frauenfrage zu erwirken und im Rahmen ihrer Kunstkritiken das »Publikum zu Geschmack und Wahrheit« zu erziehen,[2] wobei sie Pathos, Witz und Ironie einzusetzen wusste.
So etwa drang sie darauf, in der Debatte um die Teilnahme von Frauen an Bildung und Beruf, »die Eventualität des Verhungerns [...] in Rechnung« zu bringen,[3] oder sie fasste das mangelnde Zutrauen in den Bildungserwerb der Mädchen in das treffende Bild: »Man verbietet den Leuten, sich ins Wasser zu wagen, und spricht ihnen dann die Fähigkeit ab, schwimmen zu lernen.«[4] Auch zur »Existenzfrage« einer der Arbeit nicht hinderlichen Kleidung fand sie deutliche Worte: »Wer wird einem [...] mit einem abenteuerlichen Lampenteller bedeckten Kopf die Fähigkeit zutrauen, einen ernsten Gedanken in sich zu beherbergen?«[5]
Wahrheitsliebe und Offenheit waren »ihres Wesens tiefster Kern«, Tugenden und Fehler zugleich,[6] sie war »offenherzig bis zur Schroffheit«,[7] erlaubte sich »ein durch nichts zu beirrendes Urteil, das dem weichlichen österreichischen Sinn fast als Härte gelten konnte, aber nur gerecht war«,[8]

---

1 Wozonig, S 89: »Elendes Pack«, schreibt dazu E-E im TB 2. Juni 1887

2 Frauenkalender, S 139

3 Eine Zeitfrage

4 Wissen ist Macht, abgedruckt im vorliegenden Band

5 Feuilleton: Unsere Moden, Neue Freie Presse, 25. April 1867

6 Charakteristik, S 242

7 Erich Schmidt in: Wozonig, S 32

8 Lewinsky, S 14

und stieß selbstverständlich damit nicht immer auf Zustimmung, aber, wie sie auf Louise Ackermann bezogen schrieb und wohl auch für sich meinte: »Sie konnte nicht anders; es gibt Geister, die im Streben nach Wahrheit keinen Einsatz für zu hoch halten.«[1]
Unbestechlichkeit und Selbstironie sind bei Betty Paoli eine schöne Verbindung eingegangen. Über ihren Erfolg schreibt sie in einem Brief, dass vor allem der Umstand, in »den höchsten Gesellschaftskreisen« Fuß gefasst zu haben, »die leicht bestechliche Menge meinen ließ, es möchte doch etwas Rechtes an mir sein«.[2] Zu Kritik an ihren Novellen, die sie weniger aus Neigung als aus ökonomischen Gründen für ein lesehungriges Frauenpublikum verfasste, schreibt sie, diese Kritik »könnte sich jeder füglich ersparen, so wie mich langweilen sie doch keinen Menschen«.[3]
Ihren anschaulichen humorvollen Stil pflegt sie auch in ihrer umfangreichen Korrespondenz. Als sie ihre Reisetätigkeit mit psychischer Erkrankung begründet, hätten sich die Freunde der Meinung des Arztes angeschlossen und den Rat angefügt: »›Je weiter, desto besser.‹ Nach dieser schönen Einstimmigkeit zu schließen, muss ich nicht nur krank, sondern auch unausstehlich sein.«[4] Ihre Umsiedlung schildert sie so: »Um jetzt von mir einen Blick, ein Wort, ein Lächeln zu erhaschen, muss man Tischler, Tapezierer, Besenbinder oder dergleichen sein.«[5]
Der Glanz ihrer Sprache funkelte auch im Salon, wie ich schon ausgeführt habe. Hier soll noch Marie Ebner-Eschenbach in einer Schilderung zu Wort kommen, die so

---

1 Louise Ackermann, abgedruckt im vorliegenden Band

2 In: Wozonig, S 101

3 Brief an M. Hartmann vom 18. Feber 1847, zit. in: Aufsätze, S LXXXIXW

4 Wozonig, S 112

5 Brief an Ludwig Gabillon vom 17. Oktober 1855, zit. in: Charakteristik, S 215

farbig und plastisch ist, dass ich die Stelle ungekürzt zitieren möchte:

> *Noch in den letzten Jahren, physisch gebrochen, von einem schweren Nervenleiden heimgesucht, verstand sie zu bezaubern und jedem nicht unrettbar Stumpfen durch die Macht ihrer Erscheinung zu imponieren und durch die unvergleichliche Meisterschaft ihrer Rede hinzureißen. Eine angeborene Meisterschaft, wenn man so sagen darf, die natürliche Kundgebung ihres im hohen Greisenalter noch frisch und unverwelklich blühenden Geistes und der Ausfluss einer tiefen Bildung, die nicht die Spur von Angelerntem hatte, sondern verschmolzen war mit ihrem ureigensten Wesen. Sie dozierte nie, ihre Worte flossen, und ihre Gedanken sprühten. Mit einem einzigen Ausdruck charakterisierte sie einen Menschen, und nichts Köstlicheres für einen geistigen Feinschmecker als den selten zu Tage tretenden feinen, trockenen Humor, den schlagenden Witz dieser düster veranlagten Frau.*

---

1 Gedichte, S XV

Unser Olympisches Betterl[1]
Wirkung, Rezeption und Macht

Wem es nicht gelungen ist, seinem Jahrhundert durch seinen Geist eine neue Wendung zu geben, der soll nicht nach dem Ruhm einer Sekunde streben!
Betty Paoli *in einem Brief an Leopold Kompert*[2]

Der Anspruch, den Betty Paoli mit diesen Worten an sich stellt, ist zu hoch und zu bescheiden zugleich. Er bezog sich vor allem auf ihre Lyrik, deren Wirkung in ihren späteren Veröffentlichungen verblasste, die sie aber selbst auch den Größen Droste-Hülshoff und Lenau nachreihte. Wir lesen aber vom großen Eindruck, den ein Lesungsabend Lewinskys von 24 Gedichten Paolis noch 1869 bewirkte: »Das Publikum war zahlreich und sehr aufmerksam, sehr dankbar. Das Clanlied (nach W. Scott) musste wiederholt werden. Lewinsky las es ganz hinreißend schön.«[3] Eschenbach verweist auf eine Dame der »österreichischen Aristokratie«, die behauptete, man dürfe »[die Gedichte] nur knieend lesen«.[4]

Tatsächlich findet sich ihre Lyrik in allen Anthologien und Schullesebüchern, wo sie zu ihrer Freude bereits zu ihren Lebzeiten Einzug gehalten hat.[5] Auch in meinem gymnasialen Deutschlesebuch befand sich Paoli-Lyrik, insbesondere das Gedicht *Ich* mit seiner vordergründig pädagogischen Einleitung: »Ich will, was ich muss«, das ein gutes Beispiel dafür ist, dass sich die Kanten in Paolis Lyrik nicht sofort erschließen.

---

1 E-E in: Killy, ebda

2 Charakteristik, S 227

3 E-E: TB 11. März 1869

4 Gedichte, S X

5 Gedichte, S XVII

Betty Paoli an ihrem Schreibtisch um 1885

Eine Reihe von Dissertationen hat sich mit dem Werk Paolis beschäftigt,[1] und bis in die späten 50er Jahre des 20. Jahrhunderts wurden vor allem ihre Gedichte, aber auch einiges aus ihrem Briefwechsel herausgegeben. In den Publikationen der Neuen Frauenbewegung ab den 80er Jahren, die es sich zur Aufgabe machen, Literatur von Frauen aufzuarbeiten, ist Paoli immer Raum gewidmet worden, wobei auch die Journalistin und Essayistin gewürdigt worden ist.[2] Den vorläufigen Höhepunkt markiert die hervorragende wissenschaftliche Arbeit Karin S. Wozonigs: *Die Literatin Betty Paoli. Weibliche Mobilität im 19. Jahrhundert,* die 1999 erschienen ist:[3] Darin befasst sich Wozonig akribisch mit der Geschichte der Betty Paoli, wobei deren geistige, emotionelle, kulturelle und räumliche Mobilität im Zentrum der Arbeit steht. Ihre Klage: »[...] Betty Paoli gehört definitiv nicht zu den ›Wiederentdeckten‹«, was sie darin begründet sieht, dass Paolis Werk im Rahmen der Frauenbewegung der 70er Jahre nicht kanonisiert wurde,[4] habe ich nach Beginn meiner Herausgeberinnentätigkeit gelesen und mich gefreut, ihr ein wenig den Grund nehmen zu können.

1 Wozonig, S 37

2 U.a. Christa Gürtler, Sigrid Schmid (Hg.): Die bessere Hälfte. Österreichische Literatur von Frauen seit 1848. Salzburg/Wien 1995 und die bereits zitierten: Eigensinn und Widerstand, Konstanze Fliedl, Ute Treber

3 Verlag Löcker, Wien

4 Wozonig, S 39

Journalistische Macht

Ich trage dich zu Ruhm und Ehre
Empor mit meines Fittichs Schwung!
Du fragst, was ich dafür begehre?
Nichts als nur deine Huldigung.

[...]

Dein sei das Maß der Herrlichkeiten,
So lang du mir zu Willen bist!«
Der Satan sprach's in alten Zeiten,
Und heute sagt's der Journalist.
Betty Paoli: *Der Versucher*

Machtvoll war sie, die arrivierte Literaturkritikerin, deren Urteil von entscheidender Bedeutung war. »Dem Tagesgeschmack vorauseilend«, hat sie sich »für noch wenig oder gar nicht beachtete, seither allgemein durchgedrungene geniale Naturen wie Otto Ludwig, Scheffel, Annette von Droste-Hülshoff, C. F. Meyer, A. Feuerbach, Marie von Ebner-Eschenbach, Ferdinand von Saar mit prophetischem Geiste eingesetzt«, schreibt Helene Bettelheim-Gabillon.[1] Die Förderung C. F. Meyers würdigt die deutsche Schriftstellerin Louise von François in einem Brief an Ebner-Eschenbach, der auch die große, über die Grenzen Österreichs hinausgehende Wirkung von Paolis Rezensionstätigkeit demonstriert: »Fräul. Paolis Essay über Meyers ›Hutten‹ hat mich wahrhaft erquickt. Nicht weil er von einer genialen Frau, aber weil er von einer Österreicherin und Katholikin kam. So hoher Gerechtigkeitssinn ist selten. [...] dass sie meinen Namen bei dieser Gelegenheit erwähnt, hat mich etwas schamrot gemacht.«[2]

1 Charakteristik, S 227

2 Charakteristik, S 235

Reichtum? – : Darüber lach ich!
Manns-Liebe? – : Schwüler Tand.
Und Ruhm? – : War auch wohl nur 1 Traum,
der mit dem Morgen schwand. [...]
EMILY BRONTË[1]

Mag höhnend auch die Welt darüber richten,
Mein tiefstes Wünschen will ich nicht verhehlen:
Hätt ich vom Schicksal eine Gunst zu wählen,
Ich wählte mir den Ruhm, den sonnenlichten [...]
BETTY PAOLI[2]

Nur das kleine Zögern »war auch wohl nur ein Traum« verrät Emily Brontës Wunsch nach Ruhm, Betty Paoli aber erhebt selbstbewusst Anspruch darauf. Der Konjunktiv »wählte« bezieht sich lediglich auf einen möglichen Preis dafür durch eine Einschränkung ihres Selbst, der ihr das »gold'ne Vließ« nicht wert wäre.[3] Das beziehe ich sowohl auf ihre lyrische wie auch auf ihre journalistische Tätigkeit. Ihre Wahrhaftigkeit und ihre Schroffheit dabei verstärken ihre Macht, sie ist eine »Patronin wirklich fördernder Kritik bei unserer literarischen Versumpfung«.[4] Ihre Wirkung wird noch dadurch gesteigert, dass sie für jene, die sie fördern wollte, kontinuierlich kämpft und jede Gelegenheit ergreift, ihnen Bühne zu geben. Ein Beispiel dafür ist das Gedicht der Droste-Hülshoff, das sie als Motto zum Nachruf auf Julie Rettich verwendet. Außerdem war es klar, dass sie sich nicht mit »jeder Bagatelle [beschäftigte]«,[5] was ihren Feuilletons noch mehr Gewicht verlieh.

---

1 Übersetzung Arno Schmidt

2 Zit. in: Charakteristik, S 242

3 Ebda

4 Anton Schönbach: Betty Paoli. In: Historisch-politische Blätter für das katholische Deutschland 142 (1908) Bd. 2, S 237–244

5 Wozonig, S 73

Es ließ sich nicht immer verhindern, auch zu »Minderwertigem« Stellung zu nehmen, wobei die negative Kritik durch ihren Witz gegenüber den etwas stereotypen überschwänglichen Lobeshymnen erfrischend wirkt und ich deshalb eine Probe davon anfüge:

> *Seine Versuche sind nicht mittelmäßig, sie sind positiv schlecht [...] und es ließe sich daraus eine Blumenlese zusammenstellen, die im Verein mit kalten Waschungen, Bewegung im Freien und dem Gebrauch des Kissingerbrunnens zur Heilung manchen Hypochonders beitragen dürfte.*[1]

Ihre Macht im Feuilleton nutzte sie für die Frauenfrage und erschloss damit der aufkeimenden ersten Frauenbewegung einen gewichtigen und seriösen Ort öffentlichen Diskurses. Auch hier besticht ihre Kontinuität und ihre Beharrlichkeit, die sie das Thema bei jeder Gelegenheit einstreuen lässt – auch hiezu bietet der Nachruf auf Julie Rettich ein Beispiel. Interessant ist, dass Betty Paoli die Schriften von Mary Wollstonecraft und George Sand zwar würdigt *(Wandlungen)*, ihre moralischen Forderungen (Wollstonecraft: geistig sittliche Hebung der Frauen, George Sand: Befreiung von der Tyrannei der Männer) gingen ihr jedoch an der wirklichen Misere der Frau – nämlich ihrer ökonomischen Abhängigkeit – vorbei.[2] Diese Ansicht, die auch der Linie ihrer emanzipierten Freundinnen wie Iduna Laube, Ottilie Bondy, Flora Galliny entspricht, verstärkt sie durch das Argument der Würde, da erst diese Unabhängigkeit die Frauen vor »der Schmach« bewahrt, »aus gemeinen Motiven« heiraten zu müssen und beiden Geschlechtern erlaubt, frei zu wählen.[3]

---

1 Vgl. Wozonig, S 74

2 Vgl. Frauenemanzipation im deutschen Vormärz. Texte und Dokumente. Stuttgart 1980, S 7

3 Eine Zeitfrage

»Mächtig fördernd«[1] war Betty Paolis kulturelle Wirkung. »Sie trat unter uns wie eine Muse«, beschreibt Rahel Varnhagen ihr Erscheinen im Salon,[2] Für Marie Ebner-Eschenbach bot die Rezeption durch Paoli und deren Freundin Ida Fleischl-Marxow einen Ort der Anerkennung, einen notwendigen Gegenpol gegenüber den häuslichen Vorwürfen für ihre nicht standesgemäße schriftstellerische Arbeit,[3] und auch Theodor Herzl fasste neuen Mut durch ihren öffentlichen Aufruf: »Die Schwächen, leicht verziehn der dunklen Menge, dir, ihrem Führer, sind sie nicht erlaubt«.[4]

> *[...]*
> *Wer aber kam,*
> *Der ging von dir*
> *Geläutert,*
> *Erhoben –*
> *Erquickt,*
> *Getröstet*
> *[...]*
> FERDINAND VON SAAR: *Requiem für Betty Paoli*

Wir aber wollen zum Ende noch ihre Freundin Ida Fleischl-Marxow hören, wieder in den Worten der Dritten im Bunde, Marie von Ebner-Eschenbach:

> *Im vorigen Winter las sie uns einmal einen Vierzeiler von so lauterer Schönheit vor, dass selbst ihre strengste Kritikerin [Ida] nichts daran auszusetzen fand. Als die Lektüre beendet war, trat tiefes Schweigen ein, dann sprach die Freundin leise: ›Ja, manchmal brüllt der alte Löwe noch‹. Sie nickten einander still und verständnisvoll zu.*[5]

---

1 E-E, so empfindet sie BP für sich, zit. in: Wozonig, S 31

2 Charakteristik, S 201

3 Wozonig, S 29

4 Killy, ebda

5 E-E in: Gedichte, S XX

Karin S. Wozonig

Betty Paoli, Journalistin

»... für die Muse Betty Paolis hat sich bis jetzt die journalistische Beschäftigung noch von keinem Nachteil erwiesen.« Dieser Ausspruch Leopold Komperts aus dem Jahr 1858[1] zeigt eine der Schwierigkeiten, mit denen sich Betty Paoli von Beginn ihrer journalistischen Karriere an konfrontiert sieht. Der populären Verfasserin von spätromantischer Bekenntnislyrik wird es nicht leicht gemacht, sich in die Niederungen des Journalismus zu begeben. Ihren Ruhm hat sie bereits in den frühen 30er Jahren begründet und es umgibt sie gleich nach der Veröffentlichung der ersten Gedichte der Nimbus der geheimnisvollen, hochbegabten Dichterin. Ihre Gedichte werden in Musenalmanachen und in Zeitschriften für das geistvolle, gebildete Publikum abgedruckt, Paoli ist fünfundzwanzig Jahre alt und als Lyrikerin eine Institution im literarischen Leben Wiens, als ihr erster Gedichtband[2] erscheint.

Der Journalismus fällt gegen die hehre Kunst in der Wahrnehmung der Zeitgenossen stark ab und ist für eine Dichterin – und für einen Dichter – eigentlich kaum zu rechtfertigen. Obwohl Paoli weiß, dass sie mit der geläufigen Diskrepanz zwischen Dichtung und Berufsschreiberei zu kämpfen haben wird, beginnt sie in den 1840er Jahren als Journalistin zu arbeiten. Für die Leserinnen ihrer Gedichte kann es dafür nur *eine* Entschuldigung geben, nämlich die finanzielle Notwendigkeit. Immer wieder weist Paoli in Briefen darauf hin, dass sie sich aus finanziellen Gründen um Verträge mit Zeitungsredaktionen bemüht und gele-

1 Vergl. Leopold Kompert: Betty Paoli. In: Album österreichischer Dichter. Neue Folge. Bd. 1. Wien 1858. S 81-87, hier S 86

2 Gedichte. Wigand, Pest 1841

gentlich distanziert sie sich von dem Stand der Berufsschreiber.[1] Wenn es stimmt, was ihre Freundin Marie von Ebner-Eschenbach berichtet, dann war die Bezahlung in Paolis Fall jedoch eine Ausrede, denn sie verdiente offenbar mit Unterrichtsstunden gutes Geld und war außerdem verschiedentlich als Gesellschafterin angestellt. Zu dem Zeitpunkt als Leopold Kompert seine Erleichterung über ihre künstlerische Integrität formulierte, hatte Paoli bereits hunderte Beiträge für verschiedene Zeitungen und Zeitschriften geschrieben, und in einigen davon definiert sie sich selbst durchaus als Journalistin und »Recensent«.[2] Die in der ersten Jahrhunderthälfte entwickelte Theorie des kritischen Essays ist ihr aus erster Hand bekannt und im Laufe ihres Lebens schreibt Paoli immer wieder über die Aufgaben des verantwortungsvollen Journalismus, vor allem über die Bedeutung von Kunstvermittlung und über Gesellschaftskritik.

Vor der Revolution von 1848 war es in Österreich beinahe unmöglich, kritische Zeitungsartikel an der Zensur vorbei zu bringen. Zwar gab es durch die – staatlich kontrollierte – Verbreitung der *Augsburger Allgemeinen Zeitung*, in der auch österreichische Korrespondenten publizieren durften, eine Vorstellung von Pressefreiheit, im Prinzip gab es aber im biedermeierlichen Österreich bis zum Jahr 1848 kaum zensurfreies Schreiben. Einige Herausgeber sahen in der Einführung eines Feuilletonteils die Möglichkeit, den Beiträgern eine gewisse Freiheit zu gewähren, ohne mit dem Regime in Konflikt zu geraten. Das Feuilleton wurde im Vormärz als Kunstgattung gesehen, die die Aufgabe der Unterhaltung erfüllen sollte und sich stark an den Interessen des Publikums zu orientieren hatte. Generell konnten

1 Vergl. z.B. Briefe an Friedrich von Schwarzenberg zitiert in: Betty Paoli: Gesammelte Aufsätze. Eingeleitet und herausgegeben von Helene Bettelheim-Gabillon. Wien 1908, S LXXXV-XC

2 So z.B. in einer Theaterkritik im Wiener Lloyd vom 23. August 1853

die Tageszeitungen neben der getreulichen, unkommentierten Wiedergabe von Verlautbarungen der Regierung und des Hofs vor allem nur solche Berichte bringen, die von der Tagespolitik ablenkten.
Da der Bedarf an politischem Diskurs auch im Vormärz gegeben war, er aber nicht im offiziellen Teil der Zeitung geführt werden konnte – zumindest nicht im Sinne von kritischen Kommentaren zur Tagespolitik –, erlangte das Feuilleton in der Zeit der Zensur eine besondere Bedeutung. Auch wenn sie es aus Mangel an Gelegenheit noch nicht gleich selbst ausprobieren konnte, so ist es Betty Paoli sicher nicht entgangen, welche Möglichkeiten der Einflussnahme auf die öffentliche Meinung sich durch das Feuilleton ergaben. So durften zum Beispiel im Feuilletonteil der Tageszeitungen Theaterrezensionen abgedruckt werden, die – selbstverständlich nur mit einiger Vorsicht – als Vehikel politischer Botschaften benutzt werden konnten. Den Feuilletonisten kam bei der Vorbereitung der bürgerlichen Revolution eine wichtige Rolle zu. Paolis Begeisterung für das Theater drückt sich nicht nur in Rezensionen und Biographien aus, sondern auch in ihrer Übersetzungstätigkeit für das Hoftheater und in lebenslangen Freundschaften mit Schauspielern und Schauspielerinnen. In der Zeit der Pressefreiheit bestanden vor allem die Redaktionen liberaler Blätter auf einer ernsthaften, elitären Kulturvermittlung in ihren Feuilletons, und auch das kam Paolis Auffassung entgegen.
Im Jahr 1848 wurde eine Vielzahl an periodischen Druckschriften gegründet. Viele davon waren Organe der politischen Propaganda und wurden spätestens im darauf folgenden Jahr wieder eingestellt. Betty Paoli erkannte sehr schnell, dass mit der Tageszeitung *Presse* ein wichtiges Forum des liberalen Bürgertums entstanden war, und mit ihren Feuilletonbeiträgen in dieser Zeitung verschaffte auch sie sich Gehör. Der Gründer der Zeitung, August Zang, hatte einige Jahre in Frankreich verbracht und das erfolg-

reiche Konzept Emile Girardins und seiner Publikation *La Presse* übernommen. Das Feuilleton ist in dieser Zeitung durch einen seit den 1820er Jahren üblichen Layout-Trick besonders hervorgehoben: Es wird auf der Titelseite abgedruckt, von der als objektiv deklarierten Berichterstattung durch einen Strich getrennt. Abgesehen von der Aufmachung stimmen auch Produktion und Finanzierung der beiden Zeitungen überein: Sowohl Girardin als auch Zang ließen auf Rotationsdruckmaschinen drucken, der neuesten Technik der Zeit, die hohe Auflagen erlaubte. Und beide Blätter wurden teilweise durch Inserate finanziert.

Politisch positionierte August Zang seine Zeitung im bürgerlich-liberalen Lager mit sehr gemäßigten Ansprüchen an die Regierung und Platz für legitimistische Äußerungen. Der erfolgreiche Gegenpol war die *Allgemeine Österreichische Zeitung*, die mit ihrer demokratischen, sozialistischen Ausrichtung die weit verbreitete *Augsburger Allgemeine Zeitung* verdrängen wollte. Außerdem versuchte sich Eduard Warrens mit seinem *Lloyd* auf dem neu entstandenen Markt zu behaupten und das mit einer der *Presse* ähnlichen Linie. Zwischen den Herausgebern dieser beiden Zeitungen entstand eine jener öffentlich geführten Fehden, die dazu beitrugen, dass sich das Bild vom skrupellosen, habgierigen Journalisten in der Öffentlichkeit verfestigte. Betty Paoli verfasste Beiträge sowohl für die *Presse* als auch für den *Lloyd* und kommentierte die Auseinandersetzung so:

> *Wenn man auch sich selbst rein weiß, ist es doch peinlich, einer Gilde anzugehören, die alles Erforderliche tut, um bei dem Publikum den letzten Rest von Achtung einzubüßen.*[1]

Ein anderer Grund für die Pressefeindlichkeit vor allem der österreichischen Intellektuellen lag darin begründet, dass viele von ihnen es als beamtete Bürokraten oder Armeean-

---

1 Gesammelte Aufsätze, S LXXXVIII

gehörige nicht nötig hatten oder es sich aus politischen Gründen nicht leisten konnten, selbst für eine Zeitung zu schreiben. Die Pressefreiheit des Jahres 1848 brachte eine publizistische Flut, aus der nur jene Produkte auftauchten und in der nur jene Blätter Bestand haben konnten, die die Interessen einer politischen Gruppe vertraten und im Gegenzug von dieser finanziell unterstützt wurden. Der Umstand, dass bereits vor Ablauf des Jahres 1848 die meisten der bürgerlichen Freiheiten widerrufen wurden, erforderte zusätzlich opportunistisches Taktieren von den Herausgebern der Zeitungen und Konzessionen von den Redakteuren und Gastautoren.

Eine der ersten Ausgaben der *Presse* schickte Betty Paoli an ihren Freund Fürst Friedrich von Schwarzenberg mit dem Kommentar, es sei eines der bedeutendsten Blätter, die zur Zeit in Wien zu haben seien. Der Herausgeber August Zang selbst soll Paoli zu ihrem ersten Feuilleton aufgefordert haben und zwischen Ende August und Anfang Oktober des Revolutionsjahres schreibt sie vier politische Kommentare für die *Presse*. Die Beiträge sind in Briefform abgefasst, was die Komponente der subjektiven Meinung im Feuilleton noch weiter unterstützt. Gleichzeitig sind diese Feuilletons auch Reiseberichte, denn Paoli hat Wien im Revolutionsjahr verlassen und sie macht keinen Hehl daraus, dass die ganze Sache nicht nach ihrer Vorstellung gelaufen ist. Wie viele andere Mitglieder des Bürgertums hat sie nicht damit gerechnet, dass die Revolution gewalttätig verlaufen würde und sie sah keine Veranlassung, sich mit den Forderungen der Arbeiterschaft solidarisch zu erklären. Die letzten fünf Jahre vor der Revolution hatte sie als Gesellschafterin der Fürstin Schwarzenberg zugebracht und schon aus Rücksichtnahme auf ihre adeligen Gönnerinnen konnte sie einige Forderungen der Revolutionäre nicht gutheißen.

Sowohl die *Presse* als auch der *Lloyd* überstanden die Sanktionen in den folgenden Reaktionsjahren und Paoli publizierte weiterhin in diesen gemäßigten, bürgerlich-liberalen

Blättern. Im Jahr 1853 schließt sie mit Warrens einen Vertrag und übernimmt das Kunstreferat: Ungefähr 70 Buch-, Theater- und Ausstellungsrezensionen in einem Jahrgang des *Lloyd* sind die Folge. Viele dieser Artikel sind lediglich tagesaktuelle Beiträge, trotzdem sind sie von gleichbleibend hohem stilistischen Niveau. Einen davon, nämlich ihren Essay über den letzten Auftritt der berühmten Sophie Schröder auf der Bühne des Hoftheaters, wählt Paoli selbst für eine posthume Publikation aus. Es entspricht ihren Prinzipien, auch bei quantitativ großer Textproduktion die Qualität halten zu wollen und auch die kurzen Rezensionen sind durchsetzt mit selbstreflexiven Passagen, in denen sie ihren Leserinnen und Lesern die eigenen Wertmaßstäbe und Bewertungskriterien zu verdeutlichen versucht.

Wenn auch die politischen Gegebenheiten den Schwung aus der journalistischen Entwicklung nahmen, war im Revolutionsjahr doch ein bedeutender Schritt gesetzt worden und die liberale Presse entwickelte sich von dort an weiter. Neben dem bürgerlichen Selbstbewusstsein und dem Recht auf Meinungsäußerung trugen vor allem die wirtschaftlichen Umbrüche zur Entstehung der Feuilletonistik in der zweiten Hälfte des 19. Jahrhunderts bei. Kunst und Kommerz gingen eine Symbiose ein, die in der Gründerzeit und auch nach dem Börsenkrach von 1873 das kulturelle Leben dominierte und in Karl Kraus einen heftigen Kritiker hatte. Hubert Lengauer formuliert:

> *Das Feuilleton der Tagespresse in der zweiten Hälfte des 19. Jahrhunderts hatte in seinen besten Vertretern versucht, die Sache des Geistes, der Poesie, der sensiblen Individualität gegen Macht, Politik und Geschäft in die Hand zu nehmen; dass dieses Ansinnen weitgehend gescheitert ist, kann man nicht allein dem Feuilleton anlasten.*[1]

---

1 Hubert Lengauer: Das Wiener Feuilleton im letzten Viertel des 19. Jahrhunderts. In: Lenau-Forum Jg. 9/10 S 60-77, hier S 76

Auch Betty Paoli schreibt Feuilletons gegen die Kommerzialisierung der Kunst und die Vermarktung des Lebens überhaupt. Ihre journalistischen Prinzipien entsprechen dabei jenen des französischen Schriftstellers Jules Janin, den sie bei einem Frankreichaufenthalt in den 50er Jahren kennen gelernt hatte und der mit seinen Essays die Richtlinien für eine liberale Kulturkritik vorgab. Wie er beanspruchte Paoli für sich die Weihe des ExpertInnentums, das es in den Dienst der Bildung und Erziehung des Publikums zu stellen galt. Es war eine konservative, kritische Haltung, das Feuilleton ersetzte in gewisser Weise den geistvollen Austausch in den bürgerlichen Salons, in denen fernab jeder existentiellen Bedrohung über Politik und Ethik, Kunst und Wissenschaft gesprochen wurde. Nicht nur das literarische Feuilleton wurde gepflegt, sondern auch die Besprechung von Biographien und wissenschaftlichen Werken sowie Reiseberichte gehörten in den Feuilletonteil der liberalen Presse. Was die Gesellschaftskritik anlangt, sieht Paoli in Delphine de Girardin ein Vorbild, die in den vierziger Jahren in *La Presse*, der Zeitung ihres Mannes, – unter Verwendung eines männlichen Pseudonyms – über Umgangsformen und Fragen der Sittlichkeit schreibt.
Der ideale Ort für die konservative, elitäre Kunstkritik und kritische Beobachtungen über die bürgerliche Gesellschaft ist die 1864 gegründete *Neue Freie Presse*.[1] Zwei Redakteure der *Presse* haben dieses Konkurrenzblatt aufgebaut und die *Neue Freie Presse* überflügelte die alte *Presse* sehr bald. Für die Feuilletonisten der *Neuen Freien Presse* gab es überdurchschnittlich hohe Honorare und im Laufe der Zeit versammelten sich dort alle Schriftsteller von Rang und Namen. Die Tendenz der *Neuen Freien Presse* war großdeutsch, frankophil, antiklerikal und kapitalistisch und sie

1 Zur Darstellung der Geschichte des Feuilletons in dieser Zeitung vergl. Hubert Lengauer passim; Susanne Brunner: Aspekte des Wiener Feuilletons. Diplomarbeit Salzburg 1989

wurde sehr schnell zur wichtigsten deutschsprachigen Tageszeitung überhaupt. Die Morgen- und die Abendausgabe hatte jeweils ein eigenes Feuilleton – in der Tradition der *Presse* auf der ersten Seite unter dem Strich. Zwar ist eine genaue Gattungszuordnung bei den beiden Textsorten schwierig, aber es lassen sich die Beiträge Betty Paolis für die *Neue Freie Presse* eher als Essays denn als Feuilletons definieren:[1] Die in die Tiefe gehende Behandlung einer Frage ohne den Anspruch, eine vollständige Antwort geben zu können, die Darstellung eines Sachverhalts mit einiger Deutlichkeit, Klarheit und Struktur, der Verzicht auf spektakuläre Effekte, wie sie im Feuilleton üblich sind, und der identitätsstiftende Duktus kennzeichnen Paolis Texte, von denen *Eine Zeitfrage, Ein Wort Pombals, Über weibliche Erziehung* und *Wissen ist Macht* im vorliegenden Band abgedruckt sind.

Die sowohl in die gesellschafts- und literaturkritischen Essays als auch in ihre Reiseberichte einfließenden politischen Betrachtungen Paolis sind mitunter von vehementem Pessimismus geprägt, was zumindest bei einem ihrer Kollegen auf Unverständnis stößt: Daniel Spitzer, der »Wiener Spaziergänger« schreibt am 13. Mai 1866 spöttisch: »Es ist schmerzlich, wenn man eine Kassandra ist, und für die Betti Paoli gehalten wird.«[2] Tatsächlich ist es eine der Gattung Essay implizite Eigenschaft, dass sich der Autor/die Autorin darin auf traditionelle Kulturwerte beruft, die er oder sie mit dem Publikum teilt, und dementsprechend ist die Bedrohung dieser Werte ein wichtiges – Gemeinschaft stiftendes – Thema. Im Feuilleton der liberalen Tagespresse – und besonders bei Daniel Spitzer – ist neben diesem instrumentalisierten Wertkonservatismus die Anspielung, das Aperçu, das nur vom gebildeten, bürgerli-

---

1 Ich folge der Definition von Gerhard Haas: Essay. Stuttgart 1969

2 Daniel Spitzer: Wiener Spaziergänge. Herausgegeben von Walter Obermaier. Wien 1986. S 138

chen Leser verstanden werden kann, ein wichtiges Element, die Leser für sich zu gewinnen. Paolis Beiträge sind anders gestaltet als die von Spitzer, sie setzt das Mittel der Ironie äußerst sparsam ein, verzichtet auf gefällige Formulierungen und verwendet kaum satirische Darstellungen. Man gewinnt den Eindruck, ihr seien die gewählten Themen zu ernst, um mit typisch feuilletonistischer Leichtigkeit behandelt zu werden.

Paoli war die erste Feuilletonistin der *Neuen Freien Presse* – und ist für sehr lange Zeit die einzige geblieben. Noch am Ende des neunzehnten Jahrhunderts war die Diskussion darüber, ob Frauen den Beruf der Journalistin ausüben dürften, noch nicht beendet. Betty Paoli war nicht nur damit konfrontiert, dass die Berufsschreiberei neben der Poesie als ehrenrührig, weil dem individuellen Genie nicht entsprechend, empfunden wurde und dass der Stand der Journalisten geringes Ansehen hatte, sondern auch mit dem Schreib- und Redeverbot für Frauen an öffentlichem Ort. Es gab im 19. Jahrhundert eine klar definierte Auswahl an weiblichen Berufen, wobei der einzig wahre weibliche Beruf jener der Ehefrau und Mutter war; öffentliche Wortmeldungen hatten sich im Sinne bürgerlichen Wohlverhaltens tunlichst auf diese »weibliche Sphäre« zu beschränken. So kommt es, dass es zur Zeit, als Paolis Karriere begann, zum Beispiel in Bäuerles *Theaterzeitung*, namentlich gezeichnete Artikel von anderen Frauen gibt, ohne dass die Zeitgenossen – oder die Verfasserin dieses Buchbeitrags – auf die Idee gekommen wären, sie als Journalistinnen zu bezeichnen. Vor allem in der so genannten Modepresse war es üblich und erwünscht, dass sich Frauen – Angehörige des »moralischen Geschlechts« – mit einigem sittlichen Ernst zu »ihren« Themen äußerten.

In vielen ihrer Essays fordert Betty Paoli, dass der Staat die Grundlage für die Erwerbstätigkeit von unversorgten Frauen schaffen sollte, dass durch Mädchenbildung und die Öffnung des Arbeitsmarktes der Abhängigkeit der Frauen von der Versorgungsehe ein Ende gemacht wird. Paoli hat im Laufe ihres Lebens hunderte Zeitungsartikel verfasst und war die erste Journalistin Österreichs, bezahlt für eine Tätigkeit, für die sie unter starkem Rechtfertigungszwang stand – und für die sie sich bei Gelegenheit auch tatsächlich entschuldigte. Dass ihr dieser Beruf ihr ganzes Leben lang ein Einkommen garantiert hat, hängt damit zusammen, dass sie nicht verheiratet war. Als Ehefrau hätte Paoli keine Verträge mit den Zeitungs- und Zeitschriftenredaktionen abschließen können, wahrscheinlich wäre erwartet worden, dass sie kein Honorar beansprucht und falls doch, so wäre das selbstverständlich ihrem Ehemann zugestanden. In den Rechtssystemen des neunzehnten Jahrhunderts nahmen unverheiratete Frauen eine unbequeme Zwischenposition ein.[1] In den meisten Ländern wurden sie mit ihrer Volljährigkeit zu Rechtssubjekten, die nicht nur Rechte hatten – so wie verheiratete Frauen auch –, sondern auch das Recht auf Ausübung ihrer Rechte, was Ehefrauen üblicherweise nur bei Abwesenheit oder geistiger Umnachtung ihrer Ehemänner zugestanden wurde. Zugleich entsprach es der Naturrechtsauffassung, dass Frauen nicht imstande seien, sich um ihre eigenen Angelegenheiten zu kümmern und dass die öffentliche Sphäre generell kein Ort für Frauen sei. Nicht juristische Konstruktionen, die explizit zum Ausschluss der Frauen aus dem öffentlichen Leben führten, machten es ledigen Frauen schwer, für sich selbst zu sorgen, sondern der Umstand, dass Frauen ohne Männer (Väter, Ehemänner, Söhne) in den Gesetzen des neunzehnten Jahrhunderts nicht vorkamen. Bei dem oft äußerst mühsamen Versuch aus ihrer juristisch undefinierten Position heraus Handlungsfreiheit zu gewinnen, waren ledige Frauen zudem noch mit dem aus ihrem Familienstand resultie-

1 Vgl. Nicole Arnaud-Duc: Die Widersprüche des Gesetzes. In: Georges Duby, Geneviève Fraisse, Michelle Perrot (Hg.): Geschichte der Frauen. 19. Jahrhundert. Frankfurt/M 1994, S 97-132

renden Mangel an gesellschaftlicher Anerkennung konfrontiert.

Auch wenn es nicht ihrer Überzeugung entsprochen haben sollte, war es für Paoli nötig, affirmativ Bezug auf die traditionelle, bürgerliche Rollenverteilung zwischen den Geschlechtern zu nehmen, wollte sie ihre Texte an so prominenter Stelle wie dem Leibblatt des liberalen Bürgertums, in der *Neuen Freien Presse*, publizieren. Es findet sich in Paolis Aufsätzen kein Plädoyer für den Umsturz der herrschenden Ordnung, sondern eine Abfolge subtiler Strategien, mit denen sie auf Ungerechtigkeiten und Diskriminierungen hinweist und Abhilfe fordert. In ihren Essays bemüht Paoli eine Taktik, die für jene Leser, denen die Phantasie fehlt, sich Frauen anders vorzustellen, als in der Rolle untergeordneter, intellektuell minderbemittelter Wesen, harmlose Interpretationen zulässt. Dieselbe Taktik führt dazu, dass erst auf den zweiten Blick und bei Bedenken der Konsequenzen und Implikationen ihrer Argumente das durchaus revolutionäre Potential der Forderungen zu Tage kommt. Ein System aus gesellschaftlicher und familiärer Eingliederung und diffizilen diskursiven Manövern sicherte Paoli die gesellschaftliche Anerkennung, die es ihr erlaubte, unbehelligt ihrem Beruf als Schriftstellerin nachzugehen.

Paoli war sich bewusst, dass ihre Feuilletons hohe sprachliche Qualität und inhaltliche Brisanz besaßen. Das Erstere war unabdingbarer Bestandteil jedes ihrer Texte, der in Druck ging, davon zeugen auch Tagebuchaufzeichnungen, in denen sie den Prozess des Formulierens und Neuformulierens kommentiert. Dass das zweite Kriterium noch lange stimmen würde, und zwar ganz besonders im Bereich der sozialen Fragen, speziell der »Frauenfrage«, konnte Paoli ahnen und die Auswahl der Aufsätze, die sie für einen posthumen Nachdruck vorgesehen hat, spiegeln das wider: Zitat aus der Aufsatzsatzsammlung, die Helene Bettelheim-Gabillon im Jahr 1908 herausgegeben hat:

> *Außer den in diesem Bande gedruckten Aufsätzen* Zur Literatur *hat Betty Paoli noch eine Reihe anderer, in Buchform noch nicht gesammelter Artikel zur Veröffentlichung in einer Auswahl ihrer prosaischen Schriften bestimmt. Die Verwirklichung auch dieses weiteren Wunsches der Dichterin bleibt späteren Zeiten vorbehalten. Hier mögen einstweilen die Titel dieser Arbeiten folgen: [...] Zur Frauenfrage:* Eine Zeitfrage; Ein Wort Pombals; Über weibliche Erziehung; Wissen ist Macht *[...]*

Neben anderen Artikeln zur Zeit und Reiseschilderungen betrachtete Paoli auch den in den vorliegenden Band aufgenommenen Nachruf auf Julie Rettich wert, wieder abgedruckt zu werden. Als besonderes Verdienst der Textauswahl Eva Gebers betrachte ich die Tatsache, dass der 1885 entstandene Aufsatz *Wandlungen der Frauenfrage«* zugänglich gemacht wird, denn in ihm vereinigen sich eine Hauptthematik und das sprachliche Können, die Paolis Werk prägen.

Zur Textauswahl

Meinem Interesse entsprechend habe ich Betty Paolis Texte über Frauen und zur Frauenfrage ausgewählt. Die Beiträge *Eine Zeitfrage, Ein Wort Pombals, Über weibliche Erziehung* und *Wissen ist Macht,* die ab 1865 als Feuilletons in der *Neuen Freien Presse* erschienen, hatte Paoli für eine posthume Veröffentlichung vorgesehen. *Die Wandlungen der Frauenfrage* habe ich als Manuskript in der Handschriften-Sammlung der Wiener Stadt- und Landesbibliothek entdeckt und transkribiert. Die Handschrift war nicht leicht zu entziffern, ich danke Heidi Cammerlander für die Unterstützung dabei. Das Manuskript war undatiert, aus einer Tagebuchnotiz von Marie von Ebner-Eschenbach geht aber hervor, dass sie den Essay am 25. Feber 1885 Ida Fleischl-Marxow und Ebner-Eschenbach vorgelesen hat. Zu dieser Zeit hatte Paoli einen Vertrag mit der *Leipziger Illustrierten,* vermutlich ist der Artikel dort erschienen.
Aus den Rezensionen habe ich jene ausgewählt, die sich nicht nur mit dem Werk, sondern auch mit dem Leben der Künstlerinnen befassen. Das betraf Autorinnen, die älter waren als Paoli und nicht mehr lebten (Droste, Varnhagen, Sand). Der Nachruf auf Julie Rettich, der sie mit besonderer Zuneigung verbunden war, entspricht ähnlichen Kriterien. Das anrührende Pathos der Trauer und der Blick auf die damalige Theatergeschichte sprachen ebenfalls für diese Entscheidung. Die Wahl des Beitrags über Louise Ackermann bestimmte Paolis eingehende Auseinandersetzung mit deren philosophischen Gedankengebäuden.[1] Leider konnte ich keinen Beitrag über Marie von Ebner-Eschen-

1 Ausgenommen der Nachruf auf Julie Rettich sind alle Rezensionen in Betty Paolis gesammelte Aufsätze. Eingel. und hrsg. von Helene Bettelheim-Gabillon. Wien 1908 erschienen

bach wählen. Bei Ebner, die um siebzehn Jahre jünger war, beschränkte sich Paoli auf die Besprechung ihrer Werke. Ich verstehe meine Arbeit als Impuls für weitere Veröffentlichungen zu Betty Paoli – ich konnte lange nicht alles, was mir vorlag, in meinem Aufsatz unterbringen. Mein besonderer Wunsch dabei gilt einer Herausgabe ihres Briefwechsels.

Eva Geber

Unter sozialer Freiheit verstehe ich hier nichts anderes, als die Möglichkeit, einen Beruf auszuüben, ohne Anstoß zu erregen, ohne die Kraft, die man zur Arbeit braucht, im Kampf mit dem gehässigen Vorurteil zersplittern zu müssen.
Betty Paoli: *Eine Zeitfrage*

Eine Zeitfrage

Die Nachricht von dem Frauenkongress, der vor kurzem in Leipzig stattfand, mag bei manchem ein spöttisches Lächeln hervorgerufen haben; damit ist aber noch keineswegs bewiesen, dass dieses Lächeln am rechten Platze war. Nur die Oberflächlichkeit kann sich über die Bedeutung der Fragen täuschen, die dort zur Beratung kamen. Es handelt sich um nichts Geringeres, als der von Jahr zu Jahr wachsenden Zahl allein stehender, auf sich selbst angewiesener Frauen den Weg zur Gründung einer unabhängigen Existenz zu bahnen. Nicht von törichten und unsauberen Emanzipations-Gelüsten ist hier die Rede, sondern von dem Rechte jeder menschlichen Kreatur, die ihr verliehenen Fähigkeiten zu ihrem eigenen wie zum Nutzen der Gesamtheit zu verwerten. Wer kennt nicht die Redensarten, mit denen die sozialen Pharisäer jeden Versuch des Weibes, sich durch Arbeit eine Stellung zu erringen, als unstatthaft zurückzuweisen pflegen? Die Richtigkeit ihrer Einwürfe braucht kaum bewiesen zu werden; Tag für Tag finden sie ihre nicht selten tragische Widerlegung. Wir haben es zur Genüge gehört, dass das Weib nur für den engen Kreis der Häuslichkeit geschaffen sei, dass es seiner Bestimmung untreu werde, wenn es etwas anderes sein wolle, als Gattin und Mutter; auch die tiefsinnige Bemerkung, dass es durch ernste Tätigkeit, sobald diese nach anderen Zielen strebt, seinen eigentümlichen Reiz einbüße, ist uns sattsam bekannt. Nicht die theoretische Richtigkeit dieser Sätze will ich bestreiten, dem praktischen Leben gegenüber werden sie jedoch zu hohlen Phrasen, die keine Not zu lindern, keiner Bedrängnis abzuhelfen vermögen. Entsprängen sie nicht meistens gedankenloser Gleichgültigkeit, so müsste man sie für grausamen Hohn halten. Ihr weisen Ratgeber! Ihr strengen Warner! Leben wir etwa in Verhältnissen, die mit dem Naturgesetz so ganz und gar im Einklang stehen? Wird es jedem Mädchen so gut, das Haus der Eltern nur zu verlassen, um das eines geliebten Mannes zu betreten? Oder glaubt ihr wirklich, es existiere ein zurechnungsfähiges weibliches Wesen, das aus freier Wahl mit Sturm und Wogen kämpfte, wenn ihm der Hafen einer beglückten Häuslichkeit offen stände? – Wahrlich! Es tut nicht Not, dass ihr den Frauen die Opfer aufzählt, die sie bringen, wenn sie ihrem natürlichen Berufe entsagen – sie kennen die Größe derselben nur zu wohl. Tief und schmerzlich empfinden sie den Widerspruch zwischen ihrem eigensten Wesen und dem Lebensweg, den ein hartes Schicksal sie gehen heißt. Sie wissen auch ganz gut, dass die Energie und selbständigkeit, zu der sie sich aufraffen müssen, sich schlecht mit der heitern Ruhe und Anmut verträgt, in denen ihr größter Zauber liegt. Wenn sie sich dennoch zu diesen Opfern entschließen, die ihrem Herzen, ihrem Naturell, ihrem Hang zu gefallen gleich schwer werden, geschieht es aus keinem andern Grunde, als weil ihnen kein Ausweg bleibt. Meint ihr, es sei Übermut, tolle Laune, was sie treibt, das Recht auf Arbeit für sich in Anspruch zu nehmen? Ach, wie gerne möchten sie darauf verzichten! Aber sie dürfen es nicht, wenn sie nicht nach so vielen bitteren Verlusten auch noch die Achtung vor sich selbst verlieren wollen. Die Eventualität des Verhungerns mag dabei auch mit in Rechnung gebracht werden.

Es ist eine seltsame Erscheinung, dass die Frauen in den Ländern, deren Gesetzgebung sie als Unmündige behandelt, wie in Frankreich und England, weit mehr soziale Freiheit genießen als bei uns, wo ihnen ein größeres Maß bürgerlicher Rechte gesichert ist. Unter sozialer Freiheit verstehe ich hier nichts anderes, als die Möglichkeit, sich einen ihren Fähigkeiten entsprechenden Wirkungskreis zu wählen, einen Beruf auszuüben, ohne Anstoß zu erregen, ohne die Kraft, die man zur Arbeit braucht, im Kampf mit dem gehässigen Vorurteil zersplittern zu müssen. Nationen, denen der Himmel die Gabe verlieh, sich Aug' und Sinn für die Wirklichkeit der Dinge offen zu erhalten, wehren sich gegen das Neue nur so lange, bis es mit seiner Notwendigkeit zugleich seine Berechtigung dargetan hat, und allerdings erlangte das Streben der Frauen nach einer Ausdehnung ihrer Befugnisse dort schon früher das Gewicht einer Notwendigkeit. Die aus einer ungeheuren Konkurrenz und gesteigerten Bedürfnissen hervorgegangene Schwierigkeit, einen gesicherten Hausstand zu gründen, hat in Frankreich wie in England die Zahl der Ehestandskandidaten schon lange bedeutend vermindert. Ich spreche natürlich nur von der Mittelklasse, nicht von den höheren Ständen, die ein ererbter Besitz materieller Sorgen enthebt, nicht von dem Volke, in dem die Ehe zunächst als eine Association von Arbeitskräften betrachtet wird. Die Masse unverheirateter Frauen wird immer größer; der Mangel an Glücksgütern, der die Freier von ihnen entfernte, zwang sie, einen Beruf zu ergreifen. Wohl oder übel musste man ihnen das Recht zugestehen, ihr Brot zu verdienen. Sind unsere sozialen Zustände heutzutage von den französischen und englischen wirklich so sehr verschieden? Haben ähnliche Ursachen nicht auch bei uns die gleichen Wirkungen hervorgebracht? Entschließen sich die jungen Männer unseres Mittelstandes so leicht zum Heiraten, wenn sie, außer ihrem oft unzureichenden oder unsichern Einkommen, nicht entweder selbst einiges Vermögen besitzen oder ein Mädchen aus wohlhabender Familie zur Lebensgefährtin ausersehen haben? Wollte man sie deshalb der Habsucht, des Egoismus anklagen, so dürften sie ihre Verteidigung getrost der Beredsamkeit von Ziffern und Zahlen überlassen. Tatsache ist es, dass auch in unserm als patriarchalisch gepriesenen Deutschland die Zahl der Ehelosen in fortwährender Progression begriffen ist und dass alle persönlichen Vorzüge nicht mehr hinreichen, ein Mädchen vor dem Lose des Sitzenbleibens zu bewahren.

Niemand kann dieses Faktum leugnen, dennoch pflegt man es bei der Erziehung der Mädchen gänzlich außer Acht zu lassen. Von Kindheit an wird ihnen durch alles, was sie sehen und hören, der Glaube eingeprägt, es gebe für ein weibliches Wesen kein anderes Lebensziel, als nur unter die Haube zu kommen. Dass es zu diesem Ende noch eines anderen Willens als bloß ihres eigenen bedarf, wird nicht in Anschlag gebracht, und ebenso wenig berücksichtigt, dass eine solche Dressur die wahre Weiblichkeit ersticken, die Harpyien berechnender Gefallsucht entfesseln muss. Man hält den Mädchen lange Predigten über die Gefahren der Koketterie und treibt sie andererseits, alle Künste aufzubieten, um sich einen Mann zu erbeuten. Man gibt sich den Anschein, die Ehe als das Höchste zu betrachten, und würdigt sie in Wahrheit zum Gemeinsten, zur Versorgungsanstalt herab. Eine gute Partie! So heißt das Losungswort nicht nur der Eltern, sondern sehr oft auch der Töchter, die um den Preis einer gesicherten Existenz einen Mann, für den sie nicht eine Spur von Neigung empfinden, unbedenklich mit in den Kauf nehmen, wenn sich nur einer findet. Ob eine solche Ehe sittlich, ob in ihr das Weib seine Erfüllung zu finden vermag, überlasse ich dem Ermessen jedes Einzelnen. Zum Überfluss bleiben sehr oft alle Anstrengungen, die man macht, alle Selbsterniedrigungen, zu denen man sich bequemte, erfolglos: Kein Freier will erscheinen. Wie dann? Müssen die armen Geschöpfe, die man ihr Alles auf eine Karte setzen lehrte, nicht ihr ganzes Leben als ein verfehltes betrachten, wenn ihnen die eine Hoffnung fehlschlug? In den seltensten Fällen hat man an ihnen die Charaktereigenschaft und die Fähigkeiten ausgebildet, die zur Begründung einer unabhängigen Existenz erforderlich sind; so bleibt ihnen dann nichts übrig, als entweder lebenslang ihrer Familie zur Last zu fallen oder sich ins Joch der Dienstbarkeit zu beugen. Kann man sich dann noch wundern, wenn so trostloses, von keiner ersprießlichen Tätigkeit, keinem edleren Interesse erwärmtes Leben nach und nach zu der Verbitterung, Grämlichkeit und Missgunst führt, welche die alte Jungfer so sehr in Verruf gebracht haben?

Gedankenloses Herkommen, Vorurteil und eine meist mangelhafte Erziehung lassen den vermögenslosen Mädchen aus den gebildeten Ständen nur sehr wenige Wege zum Erwerb offen. Mit Entrüstung würde die Tochter eines höheren Staatsbeamten oder Militärs den Gedanken verwerfen, sich durch Handel und Wandel, eine gewerbliche oder geschäftliche Tätigkeit ihr Brot zu verdienen. Das Äußerste, wozu sie sich im Notfall entschließt, ist, Erzieherin oder Gesellschafterin zu werden. Und zu welchen Vorwänden wird sie dann noch ihre Zuflucht nehmen, um diesen Schritt zu beschönigen! Nur der Wunsch, sich nützlich zu machen, oder die Liebe zu Kindern, heißt es, habe sie dazu bewogen. Als ob es eine Schande wäre, seinen Lebensunterhalt zu verdienen! Als ob nicht tausendmal mehr Würde darin läge, selbst für sich zu sorgen, als diese Sorge anderen zu überlassen! – Also Erzieherin oder Gesellschafterin. Nun ist aber der letztere Artikel so ziemlich aus der Mode gekommen; der überhand nehmende Luxus legt selbst den Reichen nach manchen Seiten hin gewisse Beschränkungen auf. Trifft es sich hie und da, dass irgendeine vornehme Dame der ihr durch Alter und Kränklichkeit aufgenötigten Einsamkeit überdrüssig wird, so nimmt man in den meisten Fällen statt einer Gesellschafterin lieber eine arme Verwandte, die man ja doch unterstützen müsste, ins Haus und bringt so den ökonomischen Vorteil in Übereinstimmung mit der Pflicht und der Annehmlichkeit. Es bleibt also fast nur das Erziehungsfach übrig, und in der Tat wenden sich die meisten diesem zu. Höchst selten zu ihrer eigenen Befriedigung und eben so selten zum Nutzen der ihnen anvertrauten Zöglinge. Es heißt, dass allen Frauen die Liebe für Kinder angeboren sei. Abgesehen davon, dass diese Regel vielen Ausnahmen unterliegen dürfte, wird es doch gewiss keinem Vernünftigen einfallen, den Frauen insgesamt auch die Befähigung zum Erziehungsamte zuzusprechen. Wie nun erst, wenn man – und dies ist der Fall – so viele junge und eben deshalb erfahrungslose Mädchen sich dazu drängen sieht? Es liegt auf der Hand, dass sie den psychologischen Blick, die Ruhe und Selbstbeherrschung nicht besitzen können, deren es bedarf, um in diesem ernsten und schwierigen Berufe Ersprießliches zu leisten. Die Tausende von schmerzlichen Opfern, die sie dennoch täglich bringen müssen, kommen weder ihnen noch anderen zugute.

Bisher war nur von den Töchtern des Mittelstandes die Rede. Das Schicksal der unbemittelten Mädchen aus den niederen Klassen ist höchstens insofern minder beklagenswert, als der Mangel an Bildung sie ihre Lage nicht so ganz übersehen lässt; an sich ist diese aber so unendlich traurig, dass man jede, die sich davon nicht zum Laster verleiten lässt, als Heldin verehren sollte. Wer die Preise kennt, die für weibliche Handarbeit bezahlt werden, wird mich nicht der Übertreibung beschuldigen. Thomas Hoods *Lied vom Hemde* ist auch bei uns zur entsetzlichen Wahrheit geworden. Rastlose, aufreibende Arbeit, um nur das nackte Leben zu fristen! – Jene Preise lassen sich nicht willkürlich erhöhen; sie sind das unabweichliche Ergebnis einer Konkurrenz, die um so größer sein muss, je geringer die Zahl von Beschäftigungen ist, die man den Frauen überlässt. Statt über die Demoralisation der Mädchen aus der Volksklasse zu jammern, sollte man sich lieber bemühen, ihren vornehmsten Grund hinwegzuräumen. Dass es trotz aller Bemühungen noch immer Not, Elend und Laster auf Erden

geben wird, ist freilich gewiss, aber doch wahrlich kein Grund, um die Hände in den Schoß zu legen.
Es handelt sich vor allem darum, den peinlich beschränkten Kreis, der jetzt der Tätigkeit der Frauen angewiesen ist, zu erweitern, ihnen neue Erwerbsquellen zu eröffnen. Das ist der Zweck, der dem Frauenkongress vorschwebte. Es steht zu hoffen, dass er ihn erreichen wird. Jedenfalls hat er sich schon ein Verdienst erworben, indem er das, trotz allen Firnisses, schmerzlich aufklaffende Übel offen darlegte und die Berechtigung der Ansprüche verfocht, die man, um ihnen nicht genügen zu müssen, gern für abenteuerliche Phantastereien erklären möchte. Voraussichtlich werden seine Bestrebungen häufig auf Spott, auf aktiven oder passiven Widerstand stoßen, doch wäre es Schwäche, sich davon entmutigen zu lassen. Noch hat keine neue Idee sich im Leben zu verwirklichen gesucht, ohne vielfache Kämpfe bestehen zu müssen. Ist aber ihr Kern echt und wahr, entspricht sie einem von den Massen noch nicht erkannten Bedürfnis der Zeit, so wird sie aus dem Kampfe siegreich hervorgehen. Was erst eine überspannte Schrulle hieß, wird bald für eine gemeinplätzliche Wahrheit gelten. Wenn es dem Kongress auch nur gelang, die öffentliche Aufmerksamkeit nachhaltig auf jene inhaltsschweren Fragen hinzulenken, so hat er schon viel getan; ja, der Natur der Sache nach dürfte er bestimmt sein, nicht sowohl selbsttätig als anregend zu wirken. Keine Macht der Erde vermag die Stellung der Frauen plötzlich umzugestalten: Sie ist die natürliche Folge einer verkehrten Erziehung, die es ganz unterlässt, sie für das praktische Leben auszubilden. Einzelne Ausnahmen können nicht in Rechnung kommen; im Allgemeinen lehrt man die Mädchen zwar eine Menge Dinge, aber fast nichts so gründlich, so systematisch, dass sie wirklich Vorteil daraus ziehen könnten. Von allem ein Stückchen, vielleicht genug, um in beglückten Verhältnissen damit zu prunken, aber viel zu wenig, um in den Tagen der Sorge und Bedrängnis als Stütze zu dienen. Bevor nicht

hier eine Umkehr zur Vernunft, zur Erkenntnis der Wirklichkeit eintritt, wird auch die Stellung der Frauen dieselbe bleiben. Soll sie sich bessern, so muss vorerst der heillose Grundsatz aufgegeben werden, ein Mädchen wisse genug, wenn es sich nur einen Mann zu erobern verstehe; die herbe Wahrheit, dass es gar vielen beschieden ist, im Schweiß ihres Angesichts selbst ihren Lebensunterhalt zu erwerben, muss berücksichtigt und die ganze Erziehung danach geleitet werden. Verrät ein Mädchen hervorragende geistige oder künstlerische Anlagen, so verwende man auf die Ausbildung derselben den ganzen Ernst, die ganze Konsequenz, die bei der Erziehung eines Knaben für unerlässlich gelten. Mädchen von der Durchschnittssorte bringe man praktische Kenntnisse bei und gebe ihnen durch die Entwicklung spezieller Fertigkeiten einen sicheren Geleitbrief fürs Leben mit. Die einen wie die anderen gewöhne man daran, der eigenen Kraft zu vertrauen und die Stütze, deren sie bedürfen, in sich selbst zu finden. Torheit wäre es zu glauben, dass diese selbständigkeit der Frauen die Verödung des häuslichen Herdes zur Folge haben werde! Sie würde es vielmehr auch dem minder Bemittelten möglich machen, frei nach seinem Herzen die Gattin zu wählen, und das Mädchen vor dem Jammer und der Schmach einer aus gemeinen Motiven geschlossenen Ehe bewahren.

Man kann niemandem die Freiheit schenken, jeder muss sich selbst befreien. Die Frauen mögen es machen wie so viele andere früher Unterdrückte, die durch Bildung und Tüchtigkeit sich selbst so glorreich emanzipierten, dass der auf ihnen lastende Druck zum Unding und deshalb endlich unmöglich wurde.

Neue Freie Presse, 4. November 1865

Ein Wort Pombals

Es war am ersten November des Jahres 1755. Von einem furchtbaren Erdbeben heimgesucht, lag Lissabon in Trümmern; Tausende hatten unter dem Schutte ihrer einstürzenden Häuser den Tod gefunden, Tausende irrten obdachlos, im Laufe weniger Stunden zu Bettlern geworden, durch Wald und Feld. Wenn sie den Blick nach der unglückseligen Stadt zurückwendeten, sahen sie eine rote Feuersäule emporsteigen, Lissabon brannte an allen Enden. Plünderung und Gewalttat gesellten sich zu den Schrecken der feindlichen Naturgewalten; Räuber und Mordbrenner zogen durch die Straßen, um unter dem Schutze der allgemeinen Verwirrung ihr Gewerbe zu treiben. Kein fremder Fuß wagte sich in die Stadt des Jammers, jede Zufuhr von Lebensmitteln war abgeschnitten – der Hunger schien das Werk der Vernichtung vollenden zu sollen, während die unbeerdigten Leichen mit ihren Miasmen die Luft verpesteten. Von Verzweiflung gelähmt, ließ die Bevölkerung das Grässlichste über sich ergehen, ohne dagegen anzukämpfen; das Übermaß des Elends hatte mit der Hoffnung auch den Mut und die Tatkraft in jeder Brust geknickt. In jeder? Nein, das wäre falsch! Denn unbezwungen von allen Schrecken, ein Held inmitten des allgemeinen Verzagens, erhob sich Pombal, Portugals großer Minister, mit dem Manneswort: »Jetzt ist es nicht an der Zeit, zu klagen und zu jammern! Wir haben anderes zu tun: Wir wollen die Toten begraben und für die Lebenden sorgen!«

Und es geschah nach seinem Worte. Dem magnetischen Einflusse eines wahrhaft überlegenen Geistes kann sich niemand entziehen; er möge wollen oder nicht, er muss den Strom in sich aufnehmen, der, von einem Stärkeren ausgehend, den Schwächeren zu dessen Geschöpf und Werkzeug macht. Auch an Pombal hat sich in furchtbaren Tagen diese Wahrheit erprobt. Seine Fassung gab anderen den Mut zurück, seine Festigkeit ließ sie ob ihrer Schwäche erröten; angesichts seiner Bürgertugend erkannten sie, dass etwas in der Brust des Menschen jedem Schmerze über persönlichen Verlust, jeder Sorge für die eigene Zukunft obsiegen muss: der Sinn für das große Ganze, die selbstvergessene Hingebung an das Allgemeine. Die erst noch schmerzlich gerungenen Hände wendeten sich frischer Tätigkeit zu, man erinnerte sich des alten Spruches, Gottes Beistand sei dem gewiss, der sich selbst zu helfen trachtet, und entschlossen ging man an das Werk, das man noch vor kurzem als ein hoffnungsloses betrachtet hatte. Die Flüchtlinge kehrten nach der Stadt zurück und setzten im Vereine mit den daselbst Verbliebenen der Feuersbrunst und der Plünderung ein Ziel. Schutt und Trümmer wurden hinweggeräumt, die Leichen bestattet, Ordnung und Sicherheit wieder hergestellt. Die Wohltätigkeit wirkte Wunder; wem etwas geblieben war, der teilte es mit den ganz Verarmten. So ward die Flut des Unheils zurückgedämmt, und wenn auch die Opfer, die sie verschlungen hatte, ihr nicht wieder entrissen werden konnten, so durften doch die Überlebenden besseren Tagen entgegensehen. Ihr Hoffen ward nicht getäuscht. Neue Wohnstätten erhoben sich, Arbeit und Tätigkeit eröffneten der Bevölkerung neue Hilfsquellen; je tiefer die dem Wohlstande der Stadt geschlagenen Wunden waren, umso rastloser war man bemüht, sie zu heilen, bis Lissabon wieder in seinem früheren Glanze erstand und eine grausige Erinnerung die einzige Spur war, die von der entsetzlichen Katastrophe zurückblieb.

Ich denke, es ist für uns alle an der Zeit, uns das Wort zurückzurufen, mit dem Pombal die portugiesische Königsstadt vom Untergang rettete. Das Verhängnis, das über uns hereingebrochen ist, lässt sich mit nur zu bitterem Recht mit einem furchtbaren Naturereignis vergleichen. Der Boden, auf dem wir so sicher zu wandeln glaubten, begann zu wanken, Flammen schlugen daraus empor, die Gebäude, die unser Hoffen darauf gegründet hatte, sind eingestürzt

und haben im Einsturz Tausende und Abertausende erschlagen. Blutend, halb zerschmettert schleppen andere sich aus den Trümmerhaufen. Ganz unverletzt, ganz ungeschädigt ist keiner unter uns geblieben; viele, die noch vor wenigen Monden, im Wahn, sich eines gesicherten Besitzes, gesicherter Verhältnisse zu erfreuen, heiter ins Leben blickten, sind jetzt der Verarmung, der drückenden Sorge preisgegeben. Und glücklich, wer nur materielle Verluste zu beklagen hat! Glücklich im Vergleich mit jenen, die in der Person eines geliebten Angehörigen die Blutsteuer entrichten mussten! – Wem der Gedanke an das namenlose Leid, das jetzt mit seinen dunkeln Schwingen unser Vaterland überschattet, nicht Tränen erpresst, worüber auf der weiten Welt mag der wohl weinen? Nie war eine Trauer berechtigter! Wenn sie nicht zur Verzweiflung werden soll, muss sie in tatkräftiger Liebe den Aufschwung und die Versöhnung finden. Das ist der Sinn des Wortes: »Wir wollen die Toten begraben und für die Lebenden sorgen!«
Ja! Ein würdiges Grab werde unseren Toten, wenn auch die Stätte, welche die sterblichen Überreste der Einzelnen birgt, oft nicht zu ermitteln ist. In unserem Gedächtnis sei ihre wahre Ruhestätte! Denn sie kämpften für das Recht, sie fielen als Blutzeugen für den Gedanken, der unser aller Herz entflammte: die Idee eines von Deutschland nun und nimmermehr abzutrennenden Österreichs. Ob sie bewusst oder unbewusst für diese Idee einstanden – wer fragt danach? Genug, dass sie für sie starben! Oder ist ihr Opfertod etwa minder ruhmvoll, weil er erfolglos war? Dann sagt es nur offen heraus, dass der Erfolg die einzige Religion ist, zu der ihr euch bekennt, und werft auch noch das Letzte hin, was uns in unserem Unglück blieb: das Bewusstsein, einen guten Kampf gekämpft zu haben!
Doch so weit ist es mit uns nicht gekommen. Glorreich hat die richtige Empfindung des Volkes seine getäuschten Hoffnungen überdauert. Überzeugt, dass es nicht die Schuld unserer Niederlage trage, betrauert es unsere Toten

und bringt den aus verlorenen Schlachten Zurückgekehrten eine Teilnahme entgegen, wie sie keinem Sieger inniger und liebevoller zuteil werden kann. Aber diese Teilnahme soll sich nicht bloß auf die unmittelbaren Opfer des Krieges beschränken, sie muss sich auch auf jene erstrecken, denen er ihre Stütze geraubt, deren fernere Existenz er gefährdet hat. Auch für diese muss gesorgt werden! Vor allem für die Witwen und Waisen der Gefallenen und für die noch größere Zahl derjenigen, die für den verstümmelten Vater, Gatten oder Bruder, der bisher ihr Ernährer war, nun ihrerseits sorgen müssen.
Befände sich der Staat auch nicht in seiner gegenwärtigen Bedrängnis, so könnte er den, ob noch so gerechten, Ansprüchen dieser hilflosen Schar doch immer nur in unvollständiger Weise genügen. Wie die Sachen jetzt stehen, kann er für sie nicht mehr tun, als wozu Gesetz und Norm ihn verpflichten. Er ist nicht in der Lage, großmütig sein zu dürfen. Ebenso eitel wäre ein Aufruf an die Privatwohltätigkeit, wie herrlich sich diese auch neuerdings bewährt hat. Ein anderes ist es, sich für einen bestimmten Zeitraum Opfer aufzuerlegen, und ein anderes, Lasten auf sich zu nehmen, von denen kein Ende abzusehen ist. Zudem dürfte es unter den Hilfsbedürftigen viele geben, deren durch Erziehung und Bildung gestärktes Selbstgefühl sich gegen eine Unterstützung, wie man sie Bettlern reicht, empören und sie bestimmen würde, lieber zu darben, als Almosen zu empfangen. Für diese – die Unglücklicheren, weil sie die Edleren sind – muss Sorge getragen werden. Die sicherste, ehrenvollste und vorteilhafteste Weise, in der dies geschehen kann, besteht darin, dass man ihnen Erwerbsquellen erschließe, die in anderen Ländern schon längst den Frauen zugänglich sind. Hier ist das Gebiet, auf welchem der Staat und Private sich zu gemeinschaftlichem Wirken vereinigen könnten; jener, indem er nach dem Beispiel Frankreichs, der Schweiz usw. seine Post-, Stempel- und Telegraphen-Bureaus zum Teil von Frauen verwalten ließe; diese, indem

sie sich endlich von dem albernen Vorurteil lossagten, der beschränkteste Mann sei zu einer Anstellung in einem Geschäft, einem Comptoir, einer Schule besser befähigt als die intelligenteste Frau. Dass ein solches Vorurteil auch in Österreich florieren kann, erscheint doppelt unbegreiflich, wenn man sich an das Gesetz erinnert, das bei uns auch Frauen zur Thronfolge beruft. Ich glaube nicht, dass irgendjemand, wenn er auf Maria Theresias Regierung zurückblickt, gegen dieses Gesetz etwas einwenden dürfte. Gibt es nun eine größere Inkonsequenz als die, den Frauen, denen man in einem möglichen Falle das Schicksal von Millionen Menschen überantwortet, die Fähigkeit für unendlich Kleineres nicht zuzutrauen? Man wird mir vielleicht einwenden, es sei eben nur ein glücklicher Zufall gewesen, der gerade solche Ausnahmsnaturen wie Maria Theresia, Isabella von Galizien, Elisabeth von England, Katharina von Russland auf den Thron berief, und es lasse sich diesen großen Monarchinnen eine erkleckliche Mehrzahl solcher gegenüberstellen, unter denen Regierung, Land und Leute verdarben. Zugegeben! Aber sind die Ausnahmsnaturen unter den Männern etwa minder selten? Und kommen nicht auf jeden der Regenten, deren segensreiches Walten in der Erinnerung der Völker fortlebt, gar manche, von denen die Geschichte nichts oder nur Schlimmes zu berichten weiß? Nicht von dem Geschlecht des jeweiligen Herrschers, sondern von seiner Individualität hängt das Glück der von ihm Beherrschten ab. Wer daran zweifelt, der vergleiche die politische Machtstellung Englands unter Elisabeth mit der, die es unter den letzten Stuarts einnahm, oder, um ein uns näher liegendes Beispiel anzuführen, das Wirken Maria Theresias mit dem Rudolphs II.
Es tut übrigens nicht Not, den Blick zu diesen Höhen des Daseins zu erheben, um den Widerspruch gewahr zu werden, in dem unsere sozialen Einrichtungen den Frauen gegenüber mit sich selbst stehen. Einerseits erklärt man sie für unfähig, die Geschäfte zu versehen, welche man dem al-

lergewöhnlichsten, allerunbedeutendsten Manne unbedenklich anvertraut, andererseits überlässt man ihnen das Wichtigste und Folgenreichste: die Erziehung des heranwachsenden Geschlechtes. Wenn dies nicht der sträflichste Leichtsinn, ist es die schreiendste Ungerechtigkeit. Stehen die Frauen wirklich so niedrig, wie ihr, nach den Beschränkungen zu schließen, die ihr ihnen auferlegt, zu glauben scheint, dann ist es eure Pflicht, ihnen jeglichen Wirkungskreis zu entziehen. Dann mögt ihr alle eure Sorgen allein tragen und eure Kinder in öffentlichen Staatsanstalten erziehen lassen. Ob ihr euch dabei besser befinden werdet? Ich glaube es nicht, doch mindestens werdet ihr konsequent handeln. Gesteht ihr aber den Frauen den Wert, die Ausdauer, die Hingebung und Intelligenz zu, deren es bedarf, um den Pflichten, die sie als Wahrerinnen des häuslichen Wohlstandes, als Erzieherinnen ihrer Kinder erfüllen sollen, zu genügen, dann verwehrt ihnen nicht länger die Möglichkeit, diese Eigenschaften auch in einer anderen Sphäre zu betätigen. Warum sie dies anstreben? Weil die »ungestüme Drängerin, die Not«, sie dazu zwingt! Weil viele von ihnen sich auf niemanden und auf nichts als nur die eigene Arbeitskraft zu stützen haben! Weil sie, durch ein grausames Vorurteil von den meisten Erwerbsgebieten ausgeschlossen, dem Elend oder dem Laster anheim fallen müssen!

Selbst in besseren Zeiten hat diese soziale Wunde tief und schmerzlich aufgeklafft; wie aber erst jetzt, nach solchen Unglückstagen, wie wir sie erleben mussten! Zu den Alleinstehenden, vom Glück der Häuslichkeit Ausgeschlossenen, für die ich schon früher die Stimme erhob, haben sich seitdem die Witwen und Waisen derer gesellt, die auf den Schlachtfeldern für Österreich verbluteten; die zwar minder Unglücklichen, doch nicht minder Bedrängten, denen fortan die Sorge für einen verstümmelten, zu jedem Erwerb unfähigen Vater, Gatten oder Bruder zufällt. O, seid ihrer eingedenk! Steht ihnen bei in ihrem Ringen, einen reinen

Namen rein zu bewahren, einer heiligen Pflicht Genüge zu leisten! Nicht Almosen sind es, die sie von euch verlangen, nein! Nur die Förderung, welche die Beseitigung einengender Schranken von selbst mit sich bringt. Ihnen das frühere Glück zurückzuschenken, steht nicht in menschlicher Macht; die Toten können nicht aus ihrem Schlummer geweckt, eine durch Siechtum oder Verkrüppelung zerstörte Laufbahn kann nicht von neuem begonnen werden. So tut wenigstens, was ihr zu tun vermögt! Nehmt dem Leid, das immer noch zurückbleiben wird, den eklen Beigeschmack der Sorge um das tägliche Brot, bringt der Menschlichkeit das wahrlich geringe Opfer eines verrotteten Wahns und seid freisinnig, um gerecht sein zu können! Lasst mich euch nicht vergeblich an Pombals Wort erinnert haben: »Wir wollen die Toten begraben und für die Lebenden sorgen!«

Neue Freie Presse, 12. August 1866

Über weibliche Erziehung

Vor Jahren kannte ich einen gar wackeren alten Mann, der, in den bescheidensten Verhältnissen geboren, sich aus Armut und Niedrigkeit zu Ansehen und Wohlhabenheit emporgearbeitet hatte. Alle seine Erfolge hatte er nur seinem Fleiße, seiner kaufmännischen Tüchtigkeit zu verdanken. Seine Erziehung war eine höchst mangelhafte gewesen; die Sorgen und Mühen des Geschäftslebens hatten ihm nicht Zeit gelassen, das in der Jugend Versäumte später nachzuholen. Nie konnte er sich über seinen Mangel an geistiger Bildung trösten; noch in seinen späten Jahren blickte er wehmütig hinüber in das sonnig helle Reich, von dem sein Geschick ihn ausgeschlossen hatte. Für mich lag etwas Rührendes in dieser tief empfundenen Sehnsucht, mochte sie sich auch mitunter in wunderlicher Weise äußern. Wie die meisten Menschen von großer Intelligenz, denen der angemessene Unterricht versagt blieb, legte er einen ungemein hohen Wert auf den Besitz von Kenntnissen, ohne jedoch im Stande zu sein, das wirklich Wissenswerte von dem bloßen Wissenskram zu unterscheiden. In seinen Augen waren Kenntnisse nicht bloß das Material, das der Geist erst verarbeiten muss, nicht bloß Mittel zum Zwecke, sondern der Zweck selbst. Infolgedessen war sein eifrigstes Bestreben, das Gehirn seiner Söhne zu einem wahren Speicher von Gelehrsamkeit zu machen. In allen übrigen Stücken der zärtlichste Vater, verstand er in diesem einen Punkte keinen Spaß, ja gerade seine Zärtlichkeit war es, die ihn hier zu unnachsichtlicher Strenge trieb. Ermahnte ihn hie und da ein wohlmeinender Freund, den armen Jungen doch etwas mehr Muße zu gönnen, dann schüttelte er den Kopf, zog die Augenbrauen in die Höhe und erwiderte, im Gefühle, eine unumstößliche Wahrheit auszusprechen: »Nein, sage ich Ihnen. Man muss seine Kinder etwas lernen lassen, wenn es auch nichts ist.«

....

Leider scheint man bei dem Unterrichte, den man den Mädchen angedeihen lässt, in den meisten Fällen von demselben Grundsatze auszugehen. Oberflächlichkeit und Ostentation verleiten die Mehrzahl der Eltern zu nicht geringeren Fehlgriffen, als meinen guten alten Freund seine Unwissenheit begehen ließ. Die Hauptsache, ihrer Meinung nach, ist, dass so und so viele Lehrer gehalten, so und so viele Stunden genommen werden müssen. Die Frage, ob aus den Gegenständen, auf deren Erlernung man bedeutende Zeit- und Geldopfer verwendet, den Lernenden eine wirkliche Förderung erwächst, kommt nicht in Betracht. Der ganze Unterricht, den die Mädchen, mit seltenen Ausnahmen, erhalten, ist ein leeres Scheinwesen und ungleich mehr geeignet, ihre guten Anlagen zu ersticken, als sie zu entwickeln. Unwesentliches wird in den Vordergrund gestellt, das Wichtigste hingegen achtlos beiseite liegen gelassen. Unwesentlich nenne ich die Kenntnisse, die den inneren Menschen unberührt lassen, wichtig jene, deren Erwerbung das Denk- und Urteilsvermögen stärkt und steigert. Diese Letzteren werden bei der Erziehung von Mädchen so gut wie gar nicht berücksichtigt. Und dann klagt man über die Oberflächlichkeit der Frauen, über ihren Mangel an Logik und Konsequenz!
Worauf richtet man bei dem Unterrichte eines jungen Mädchens das Hauptaugenmerk? Dass es mehrere fremde Sprachen geläufig sprechen lerne und sich so viele literarische Kenntnisse aneigne als nötig, um an dem Teetische eine nicht gar zu missliche Rolle zu spielen. Hat man es so weit gebracht, so meint man, seine Pflicht in ihrem vollsten Umfange erfüllt zu haben, und lässt das Übrige auf sich beruhen. An die fördernde Macht anderer Studien, z.B. der Naturwissenschaften, des im rechten Sinne betriebenen Studiums der Geschichte, denkt man so wenig, dass man sich nicht einmal fragt, ob in ihnen nicht vielleicht wirksamere Bildungselemente enthalten seien als in allen französischen und englischen Grammatiken und sämtlichen ad

usum höherer Töchterschulen zusammengestoppelten Literatur-Geschichten.
Man beargwohne mich nicht etwa jener abgeschmackten Deutschtümelei, die das Erlernen einer fremden Sprache als Verrat am Vaterlande betrachtet. Die dies tun, haben gewöhnlich ihre Gründe dafür: Sie können nämlich nur Deutsch. Ich betrachte im Gegenteile die Fähigkeit, Fremdes in sich aufzunehmen und es mit dem eigenen Leben zu durchdringen, als eine der wertvollsten Eigenschaften des deutschen Geistes, als eine von der Natur selbst gestellte Bürgschaft seiner welthistorischen Mission. Wenn andere Völker, Engländer, Franzosen, Italiener, sich auf die Kenntnis des eigenen Idioms beschränken, so ist das ihre Sache, für uns aber wahrlich kein Grund, uns des Vorzuges zu schämen, den wir vor ihnen voraus haben. Unsere Mädchen mögen immerhin fremde Sprachen lernen, nur glaube man nicht, dass dieses eine Bildungsmittel alle übrigen ersetzen könne, und mache nicht aus einer so ernsten Sache, wie der Unterricht ist, eine Frage der Eitelkeit. Denn nicht um die geistigen Zwecke, die mittelst des Sprachstudiums erreicht werden können, ist es den meisten Eltern zu tun, sondern nur um den Triumph, dass man die englische oder französische Aussprache ihrer Töchter, ihre korrekte Diktion preise. Ein schönes Resultat, wenn es den ganzen Ertrag der Jugendjahre in sich begreift! Diese alberne Eitelkeit hat aber noch andere schlimme Folgen. Müssen die Mädchen nicht frivol werden, wenn man sie auf rein Äußerliches das entscheidende Gewicht legen lehrt? Wie sollen sie Höheres anstreben, wenn man sie glauben macht, mit der Aneignung einer gedankenlosen Fertigkeit sei schon das Höchste erreicht?
Nicht minder ist das jetzt so beliebte Studium der Literatur-Geschichte für junge Mädchen weiter nichts als eine Anleitung zur Flachheit, zur Anmaßung, zu hohlem Scheinwesen. Was sollen sie, denen die Meisterwerke der Literatur noch unbekannt, ja größtenteils noch unzugäng-

lich sind, mit einer Literatur-Geschichte anfangen? Statt die guten Kinder mit den Dichterwerken selbst, so weit ihr Verständnis ausreicht, bekannt zu machen, drängt man ihnen fertige Urteile darüber auf und erzieht sie förmlich zur leidigen Nachbeterei und Unselbständigkeit. Absichtlich impft man ihnen die kaum wieder abzuschüttelnde geistige Trägheit ein, die sich mit einigen flüchtigen Andeutungen über einen Gegenstand willig begnügt und darauf verzichtet, ihm mit Mühe und Arbeit seinen inneren Gehalt abzuringen. Die armen Getäuschten glauben die gewaltigen Schöpfungen unserer älteren und neueren Literatur wirklich zu kennen, weil sie davon gelesen haben; eben deshalb scheint es ihnen vollkommen überflüssig, die Werke selbst zur Hand zu nehmen. Seltsam! Niemand wird behaupten, dass, wer den Catalogue raisonné einer Bildergalerie durchstudiert, davon denselben Gewinn habe, wie einer, der ihre Meisterwerke mit eigenen Augen betrachtet. Von Dichterwerken hingegen hält man es für möglich, dass man sie vom bloßen Hörensagen kennen lerne. Ebenso wohl könnte man sich am Duft getrockneter Blumen laben! Die Literatur-Geschichte ist nur für den literarisch Gebildeten da; für ihn ist sie von wahrhaftem Nutzen, indem sie ihm den organischen Zusammenhang, die Filiation der geistigen Erscheinungen klar macht und ihn das auch in ihnen waltende Gesetz ahnen lässt. Den literarisch Unerfahrenen hingegen kann jenes Studium – wenn man nämlich bloßes Gedächtniswerk mit diesem Namen bezeichnen will – nur positiven Schaden bringen. Es verwirrt seine Begriffe, stumpft seine Urteilskraft ab und raubt seinem Geist jegliche Selbsttätigkeit. Im Wahne, den Schatz bereits gehoben zu haben, hält er jede weitere Anstrengung für überflüssig und gewöhnt sich daran, dieselbe bequeme, nur leider nicht ebenso fördernde Methode auch auf alle übrigen Gegenstände anzuwenden.

Das Maß dessen, was Mädchen lernen sollen, kann selbstverständlich nur von den individuellen Fähigkeiten und persönlichen Verhältnissen bestimmt werden. Eine Forderung jedoch bleibt unter allen Umständen dieselbe, die Forderung, dass die Wissenschaften, welche den Gedanken- und Anschauungskreis eines jugendlichen Geistes zu erweitern vermögen, vor allen anderen, ja geht es nicht anders, auf Kosten aller anderen betrieben werden sollen. Hieher gehören in erster Reihe die Naturwissenschaften. Beruhige dich, lieber Leser! Ich habe es nicht auf eine gelehrte, sondern nur auf eine vernünftige Erziehung abgesehen. Nun ist es aber geradezu unvernünftig, dass man die Mädchen in der krassesten Unwissenheit über die Gesetze erhält, welche die physische Welt regieren und so tief in das praktische Leben eingreifen, dass, wer sie nicht kennt, täglich dafür büßen muss. Es geht über alle Beschreibung, wie unklar, unrichtig, ja absurd die Begriffe der meisten, selbst sehr geistvoller Frauen in diesem Punkte sind, und unberechenbar ist der Nachteil der daraus entsteht. Diese Ignoranz ist es, die in Haus und Küche – niemand wird mir einwenden, dass diese außerhalb des weiblichen Wirkungskreises liegen – keine rationelle Lebensordnung aufkommen lässt. Sie ist es, die, um nur ein paar Beispiele anzuführen, manche Frauen verleitet, die engsten, dumpfigsten Stuben ihrer Wohnung zu Schlafzimmern zu bestimmen, und sie ihren Hausgenossen Speisen vorsetzen lässt, die, wenn auch vielleicht wohlschmeckend, der ersten Bedingung, den Körper wirklich zu nähren, nur sehr unvollkommen entsprechen. Sie trägt die Schuld, wenn oft die zärtlichsten, aufopferndsten Mütter am Krankenbette ihres Kindes heimlich Mittel von absoluter Schädlichkeit oder widersinniges Regime in Anwendung bringen. Jedem Kinderarzt werden zahlreiche Fälle bekannt sein, in denen das Einschreiten einer wohlmeinenden, aber unwissenden Mutter dem kleinen Patienten Gefahr, wenn nicht gar den Tod brachte. Um solche verderbliche Irrtümer zu vermeiden, brauchen die Frauen nicht etwa Medizin zu studieren, sondern nur etwas Chemie und Physik zu lernen, nicht mehr, als die Gymnasialschüler, von denen sehr viele ja auch keine gelehrte Laufbahn einschlagen, lernen müssen. Das ist nicht sehr viel, aber es würde vollkommen hinreichen, den Mädchen zu einer richtigen Erkenntnis der Naturgesetze zu verhelfen und sie aus den Banden des Aber- und Wunderglaubens zu erlösen. Statt zu den verrücktesten Praktiken ihre Zuflucht zu nehmen, statt auf vom Himmel herabgeschneite Wunder zu hoffen, würden sie einsehen, dass die Wandellosigkeit der Naturgesetze das erhabenste aller Wunder ist. Aus der knechtischen Abhängigkeit von einem überkommenen Wahn würde ihr Geist sich zu der Freiheit erheben, die nur die Erkenntnis zu gewähren im Stande ist.

Wenn ein solches Ziel zu allen Zeiten schon um seiner selbst willen angestrebt werden soll, so tragen jetzt noch besondere Umstände dazu bei, das Streben danach zu einem doppelt unerlässlichen zu machen. Wer kann sich darüber täuschen, dass sich in unseren Tagen auf dem religiösen Gebiete eine Umwandlung von unermesslicher Tragweite vollzieht? Wie vielfach, wie heftig man sie auch bekämpfe, sie ist durch das Studium der Naturwissenschaften, durch die wachsende Einsicht in das Wesen der Erscheinungen unvermeidlich geworden. Keine Macht auf Erden ist stark genug, sie aufzuhalten. Die Frauen von dieser geistigen Bewegung auszuschließen, heißt zugleich ihre Stellung als Gattinnen und Mütter untergraben; denn welchen heilsamen Einfluss können sie als solche noch ausüben, wenn eine so breite Kluft wie die, welche den blinden Glauben vom Forschen und Wissen trennt, sie von ihrem Gatten, ihren Söhnen scheidet? Entzieht der Frau die Möglichkeit, sich an dem geistigen Leben der Ihren zu beteiligen, und ihr stellt sie auf eine Stufe mit den Bewohnerinnen eines Harems. Ist das eine echte, eine wahrhafte Ehe, wenn der Mann, nicht länger von Dogmen beeinflusst, dem Sittengesetz allein die bestimmende Macht über sich zugesteht, während die Frau, durch ihre Unwissenheit in den engen

Kreis der theologischen Idee gebannt, ihr Tun und Lassen von Hoffnungen und Befürchtungen abhängig macht, die der Tugend ihre edelste Krone, die Uneigennützigkeit, rauben? Und wie wird das Verhältnis einer solchen Frau zu ihren Söhnen sich gestalten, deren Studien und Anschauungen ihr notwendigerweise ein Gräuel sein müssen? Hier sind nur zwei Fälle möglich: Entweder der mächtige Herzenstrieb behält die Oberhand über das geistige Bedürfnis, und die Söhne lassen sich von der Mutter in das Reich mystischen Dunkels zurückleiten, oder sie verfolgen, trotz aller Bitten und Tränen, ihren Weg und gewöhnen sich daran, ihre Mutter als ein unzurechnungsfähiges Geschöpf zu betrachten, auf dessen Rat in irgendeiner ernsten Angelegenheit zu hören Torheit wäre. In dem ersten Falle werden Menschen erzogen, die, mit Hass gegen ihre Zeit genährt, sich ihren Forderungen widersetzen, bis ihr Siegesschritt über ihre Häupter hingeht. Im zweiten Falle schleicht sich in die Familie ein Zwiespalt ein, der, mag ihn eine angebliche Gemütlichkeit noch so sorglich verkleistern, ihren Bau von innen heraus zerstört. Die Familie beruht vor allem auf dem Ansehen, dessen das Weib als Gattin und Mutter genießt; sie löst sich auf, wenn jenes zerfällt. Jetzt fragt noch, warum den Frauen gründliches Wissen, echte Bildung Not tun!

Fast scheint es mir lächerlich, nach der Feststellung so unermesslich wichtiger Tatsachen auch noch die Frage zu erörtern, ob die Frauen nicht Gefahr liefen, in eben dem Maße, in dem sie an Kenntnissen zunähmen, an Liebenswürdigkeit zu verlieren; doch mag es der Vollständigkeit wegen geschehen. Die Liebenswürdigkeit ist eine glückliche Gabe des Naturells, die nicht im geringsten Zusammenhange mit dem Wissen steht. Wer sie besitzt, dem wird sie bleiben, wie viel oder wie wenig er gelernt haben mag; wem sie versagt ward, der wird ihren Mangel immer zu beklagen haben, mag er nun ein Abgrund von Gelehrsamkeit oder der größte Ignorant sein. Eine andere müßige Frage ist diese: Können Frauen, die ihrem häuslichen Berufe genügen wollen, wohl auch Zeit zu geistiger Beschäftigung finden? Darauf erwidere ich: Auf dem sicheren Grunde eines geordneten Wissens, der freilich in den Mädchenjahren gelegt werden muss, lässt sich leicht weiterbauen. Ferner: Eine im wahren Sinne des Wortes wohlerzogene Frau wird die Disziplin, an die ihr Geist sich gewöhnt hat, auch auf die Führung ihrer häuslichen Geschäfte übertragen und dadurch sehr viel Zeit gewinnen. Ihr logisches Denken wird sie vor der Planlosigkeit bewahren, die alles Schaffen und Sichabmühen unergiebig macht. Wie? Die Frauen hätten nicht Zeit, sich geistig zu beschäftigen? Ich werde an die Richtigkeit dieses Einwandes erst dann glauben, wenn man mir beweist, dass es ihnen auch an Zeit fehlt, die Angelegenheiten des lieben Nächsten zu vertiefen, geistlose Romane zu lesen, Teppiche zu sticken, die vielleicht schon im nächsten Jahre dem Mottenfraß zum Opfer fallen, und allerhand niedliche Sachen anzufertigen, die schöner und billiger in dem nächsten besten Laden feilgeboten werden. Bis man mir nicht diesen Beweis liefert, werde ich nun und nimmermehr glauben, dass die Sorge für ihr Hauswesen und ihre Familie wirklich alle ihre Stunden in Anspruch nimmt. Es handelt sich für sie nur darum, Edles an die Stelle des Frivolen zu setzen, Nichtiges aufzugeben, um Wesentliches zu gewinnen.

In Frankreich beginnt man sich mit der Verwirklichung der Ideen zu beschäftigen, die ich hier zu entwickeln versuchte. Der französische Unterrichtsminister Duruy hat vor einiger Zeit die Errichtung von Gymnasien für die weibliche Jugend in Vorschlag gebracht. Wie begreiflich stieß dieses Projekt auf den erbittertsten Widerstand seitens der klerikalen Partei. Ich weiß nicht anzugeben, ob es dennoch zur Ausführung gelangt ist, zweifle aber keinen Augenblick, dass es schließlich durchdringen wird. Einer im Wesen der Verhältnisse liegenden Notwendigkeit kann sich niemand auf die Dauer entziehen. Wir ahmen den Franzosen in vielen durchaus nicht löblichen Dingen nach;

sollten wir es nur dann unterlassen, wenn sie uns mit gutem Beispiele vorangehen? Die Gründung eines Gymnasiums für Mädchen, die nach wissenschaftlicher Bildung verlangen, wäre eine sehr heilsame Sache. Die Lehrgegenstände dürften ungefähr dieselben sein wie an den Knaben-Gymnasien, nur müsste auf den Unterricht in den Naturwissenschaften und der Welt-, vor allem der Kulturgeschichte das Hauptgewicht gelegt und die Mathematik vornehmlich als geistiges Kräftigungsmittel betrieben werden. Die klassischen Sprachen sollten kein obligater Gegenstand sein, sondern nur die sich eigens zu diesem Cursus Meldenden Unterricht in ihnen erhalten, wie denn überhaupt jeder Zwang, jede Pedanterie sorgfältig zu vermeiden wären. Auf diese Weise könnten die jungen Mädchen sich gerade in den Jahren, die am gedankenlosesten verzettelt werden, eine Waffe nutzbringender Kenntnisse erwerben, und jenen, die geistig begabt, aber unbemittelt ihre Existenz auf Arbeit gründen müssen, wäre die Möglichkeit geboten, sich zu tüchtigen Lehrerinnen auszubilden, während das Gouvernantenwesen, wie es jetzt besteht, ein wahrer Krebsschaden der modernen Erziehung ist.

In Österreich freilich steht der Ausführung eines ähnlichen Programmes vorläufig noch das missliche Faktum im Wege, dass bei uns das Ministerium des Unterrichts kärglicher dotiert ist als alle übrigen.

Neue Freie Presse, 4. Juni 1869

Wissen ist Macht

Vor kurzem hat ein französischer Reisender, C. Hippeau, allem Anscheine nach ein Fachmann, einen höchst interessanten Bericht über das Schulwesen in den Vereinigten Staaten veröffentlicht. Die eifrige, opferwillige Pflege, deren es sich von Seite der Regierung sowohl wie der Privatpersonen erfreut, ist ein glorreiches Zeugnis für die Weisheit der nordamerikanischen Staatsmänner, für die Tüchtigkeit des unter dem Sternenbanner vereinten Volkes. Während man in Europa den Unterricht der unteren Volksklassen auf ein armseliges Minimum beschränkt und ängstlich grübelt, ob der geistige Gesichtskreis des Weibes ohne Gefahr und Nachteil erweitert werden könnte, hat die transatlantische Republik schon längst und ohne irgendwelchen Vorbehalt das Recht aller ihrer Angehörigen auf wissenschaftliche Bildung anerkannt. Wohlgemerkt: aller ihrer Angehörigen, ohne Unterschied des Geschlechts, der Lebensstellung, der Abstammung. Der Unterricht in den vom Staate gegründeten Schulen ist unentgeltlich; alle, ohne Ausnahme, stehen den Kindern des Armen wie des Reichen, den Mädchen so gut wie den Knaben offen; ja mit klaren, bestimmten Worten ward in der gesetzgebenden Versammlung von Michigan ausgesprochen, dass die Universitäten ihren Zweck nur halb erfüllen würden, wenn die Frauen von ihnen ausgeschlossen wären. Eine treue Mutter, hält die Republik sich für verpflichtet, jedem ihrer Kinder das Brot des Wissens zu reichen.

Um einen Begriff von der Großartigkeit zu geben, mit der man in den Vereinigten Staaten die Volkserziehung zu fördern bemüht ist, muss ich zu der Beredsamkeit der Zahlen meine Zuflucht nehmen. Nach Hippeaus Angabe belaufen sich die jährlichen Ausgaben für den öffentlichen Unterricht auf nicht weniger als neunzig Millionen Dollars. Ein Teil dieser ungeheuren Summe wird von der Regierung aufgebracht, den unverhältnismäßig größeren aber liefert die Steuer, welche die Bürger je nach dem Maße ihres Vermögens sich selbst auferlegen und zu der jedermann sein Scherflein willig beiträgt. Keine Ansiedlung entsteht, in der nicht gleich mit dem Baue eines Schulhauses begonnen würde. Die Gründung einer Schule, einer Kirche, einer Zeitung gilt dem Nordamerikaner für die erste Bedingung jedes geregelten Gemeinwesens. Der Unterricht in diesen Schulen begreift der Reihenfolge nach sämtliche Gegenstände, die in unseren Normal- und Realschulen sowie an unseren Gymnasien gelehrt werden. Von der untersten Klasse, in der das ABC-Büchlein noch Alleinherrscher ist, steigt der Schüler allmählich zur Grammar School und zur High School empor, in welchen beiden Letzten Latein und Griechisch, Welt- und Naturgeschichte, Literatur, Geometrie, Algebra, Chemie und Physik die Unterrichtsgegenstände bilden. An allen diesen Studien nehmen, wie bereits bemerkt, auch die Mädchen teil, und zwar – ich sehe im Geiste die europäischen Mütter schon vor dem bloßen Gedanken sich bekreuzigen – sehr häufig im Verein mit den Knaben und Jünglingen. In Nordamerika hat man sich um so unbedenklicher zu der Vereinigung beider Geschlechter in denselben Pensionaten entschlossen, als der oft fühlbare Mangel an Lehrkräften kaum eine Wahl ließ. Übrigens gibt es in dieser Beziehung keine bestimmte Regel und Vorschrift; jede Gemeinde hat die Freiheit, es damit nach ihrem Gutdünken zu halten. In New York, Chicago, New Haven hat man nur gemischte, in Baltimore nur getrennte Schulen, während wieder in anderen Städten die einen neben den anderen bestehen. Im Ganzen scheint man sich jedoch mehr zu dem System der Gemeinschaftlichkeit hinzuneigen, und zwar nicht, wie man etwa glauben möchte, bloß im Hinblick auf die damit verbundene, allerdings sehr bedeutende Ersparnis an Zeit, Geld und Kraft. Die Direktoren des Oberlie-College, einer der größten und bewährtesten Erziehungsanstalten in der Union, versicherten un-

serem Reisenden, dass in den dreißig Jahren ihrer Amtsführung jene Gemeinschaft nie die geringste Unzukömmlichkeit veranlasst, sondern im Gegenteile einen durchaus heilsamen Einfluss ausgeübt habe. »In gemischten Schulen« – so motivierten sie diesen Ausspruch – »entsteht zwischen den beiden Geschlechtern alsbald ein Wetteifer, der in getrennten selbst durch das immer bedenkliche Mittel von besonderen Auszeichnungen und Belohnungen so stark und lebendig nicht zu erwecken ist. Aus ihm entwikkelt sich eine reine, uneigennützige Liebe zum Studium, die dem Gemüte, in dem sie einmal Wurzel schlug, durchs ganze Leben treu bleibt. Ein anderer, nicht zu übersehender Nutzen jener Gemeinschaft ist ferner die durch sie bewirkte Sittigung der knabenhaften Wildheit und Formlosigkeit. Die Jungen enthalten sich plumper Ausgelassenheiten, um den Mädchen gegenüber ihren Ruf als Gentlemen nicht aufs Spiel zu setzen; die Mädchen ihrerseits gewöhnen sich daran, im Verkehr mit dem männlichen Geschlechte Besseres zu suchen, als nur die Befriedigung ihrer Eitelkeit. Durch gemeinsame Bestrebungen und Interessen verbunden, sind jene vor Rohheit, diese vor Frivolität geschützt. Sich von dem anderen beobachtet zu wissen, schärft und steigert das Ehrgefühl beider Geschlechter.«
Ob eine solche Gemeinschaft auch bei uns zulässig wäre? Vorläufig sicher nicht. In Europa nimmt das Weib von seiner Geburt an eine so untergeordnete Stellung ein, dass der Knabe das Mädchen nicht als ebenbürtig betrachten kann. In Nordamerika findet, aus Gründen, deren Erörterung ich mir auf ein andermal erspare, gerade der entgegengesetzte Fall statt. In Folge besonderer Verhältnisse macht man dem weiblichen Geschlechte Zugeständnisse, die nicht selten das Maß des Vernünftigen überschreiten. Das Weib gilt nicht nur für vollkommen gleichberechtigt, es ist im Besitz von Vorrechten, neben welchen alle Huldigungen, die bei uns den Frauen, nämlich so lange sie jung und schön sind, dargebracht werden, zu nichtigem Scheinwesen

herabsinken. Ich bin weit entfernt, diesen Stand der Dinge für den richtigen zu halten – jegliches Vorrecht, in wessen Hand es auch liegen möge, ist vom Übel – aber die natürliche Konsequenz der bevorzugten Stellung der Frauen in Nordamerika ist, dass schon der Knabe sich daran gewöhnt, ihnen mit einer Achtung und Rücksicht zu begegnen, von der man in den übrigen vier Weltteilen keine Ahnung hat. Der soziale Rang, den sie schon als Frau einnimmt, macht es der Nordamerikanerin leicht, die Künste der Koketterie zu verschmähen, sie bedarf ihrer nicht, um sich Geltung zu verschaffen; während die ganze Existenz der Europäerin von dem Eindruck abhängt, den sie auf die Männerwelt zu machen im Stande ist.

Bei uns zerfallen die Frauen der großen Mehrzahl nach in zwei Rangklassen: Wenn auch dem Namen nach verheiratet, sind sie in Wahrheit meistens nur entweder Wirtschafterinnen oder Odalisken[1], arme Lasttiere, denen man jede häusliche Sorge und Plage aufbürdet, oder allerliebste unnütze Dinger, die man wie Papageien in einen vergoldeten Bauer sperrt, um sich in müßigen Stunden an ihnen zu ergötzen. Können die Söhne so kläglich gestellter Mütter in ihnen die Würde des Geschlechtes achten lernen? Werden sie nicht von Kindheit an darauf hingewiesen, die Frauen als untergeordnete, rechtlose Wesen zu betrachten? Aus diesem und keinem anderen Grunde halte ich gemischte Schulen bei uns für unzulässig. So wie die Geschlechter jetzt zueinander gestellt sind, würden die Mädchen nur zum Spielball der tollen oder verliebten Launen ihrer männlichen Schulkameraden dienen, und diese hinwieder würden durch die Minauderien[2] koketter Backfische zerstreut und vom Lernen abgehalten.

Beschäftigen wir uns lieber mit einer uns näher liegenden Frage. Ist die Intelligenz des Weibes wirklich der Art, dass

1 Odaliske: Haremssklavin

2 Französ. minauder: sich zieren, sich geziert benehmen

es höhere Studien mit Erfolg zu betreiben vermag? Der tausendstimmige Chorus, der diese Frage mit einem resoluten Nein beantwortet, kann in keiner Weise den Ausschlag geben; es spricht sich in ihm nur eine subjektive Ansicht aus, deren Allgemeinheit nicht im Entferntesten für ihre Richtigkeit bürgt. Wie viele Irrtümer wären nicht aufzuzählen, die einst von aller Welt, die Edelsten und Erleuchtetsten nicht ausgenommen, für unumstößliche Wahrheiten gehalten wurden, während jetzt selbst der einfachste Verstand sie mitleidig belächelt? Über die angebliche Unfähigkeit des Weibes kann nur der Versuch, ihm eine wissenschaftliche Bildung zu erteilen, entscheiden; dieser Versuch ist aber in Europa noch nicht gemacht worden. In Amerika, wo man ihn mit großsinniger Liberalität wagte, hat er die befriedigendsten Resultate geliefert. Man gestatte mir, die eigenen Worte eines der Vorsteher von Oberlie-College, des Reverend James Fairchild, hier anzuführen:

»In den ersten acht Jahren meines Wirkens an diesem Kollegium«, erzählte er dem französischen Besucher, »trug ich Latein, Griechisch und Hebräisch, im neunten Mathematik, in den drei folgenden Jahren Moral-Philosophie vor. Unter meinen Hörern befanden sich ebenso viele Mädchen wie Jünglinge, und nie habe ich hinsichtlich ihrer Fähigkeiten einen quantitativen Unterschied zwischen diesen und jenen wahrgenommen. Beide Geschlechter lieferten dieselbe Zahl fähiger und unfähiger, lernbegieriger und träger Schüler. Vor kurzem wohnte ich an der Universität von Michigan einem philologischen Vortrage bei. Ein junges Mädchen übersetzte und erläuterte den Thucydides mit einer Klarheit und Gründlichkeit, die mich in Erstaunen versetzt hätten, wäre mir nicht auch an anderen Lyceen schon häufig Ähnliches vorgekommen.«

Selbstverständlich ist niemand gezwungen, diesem Lehrplane in seiner ganzen Ausdehnung zu folgen. Die Wahl dessen, was sie lernen wollen, steht den Schülerinnen frei.

Sie können die Studien, zu denen sie keinen Beruf in sich fühlen, getrost beiseite liegen lassen und sich andren zuwenden. In der Tat wäre es die albernste Pedanterie, zu behaupten, dass die klassischen Sprachen, die Mathematik usw. bei der weiblichen Erziehung obligate Gegenstände sein sollten. Wenn aber jede darauf hinzielende Zwangsmaßregel eine große Torheit wäre, so ist dagegen die prinzipielle Ausschließung der Frauen von allen höheren Studien eine nicht minder große Ungerechtigkeit, unter der gerade die Begabten, und nur diese, leiden. Warum will man Mädchen von bedeutenden geistigen Anlagen und lebhaftem Wissensdrange die Möglichkeit abschneiden, sich Kenntnisse zu erwerben, die allein im Stande sind, die Muße der mit Glücksgütern Gesegneten zu veredeln, und den Vermögenslosen das sicherste Mittel bieten, sich eine unabhängige, ehrenvolle Existenz zu gründen? Übrigens muss hier bemerkt werden, dass selbst bei uns, wo das Vorurteil noch in schönster Blüte steht, sich bereits eine, freilich noch sehr vereinzelte Opposition dagegen zu erheben beginnt.

Ich weiß ein paar Beispiele, dass junge Mädchen, unter diesen die fünfzehnjährige Tochter eines ausgezeichneten Gelehrten, mit Erfolg den klassischen Studien obliegen und sich alljährlich der Gymnasial-Prüfung für Privatisten unterziehen. Auch in den Lehrsälen unserer medizinischen Fakultät finden sich seit einigen Jahren regelmäßig weibliche Hörer – der Mehrzahl nach Russinnen – ein, die dort allerdings nur geduldet werden. Dass man sie aber überhaupt duldet und ihnen, wenn auch kein Diplom, doch immerhin ein Zeugnis darüber ausstellt, dass sie den Vorträgen der verschiedenen Professoren beigewohnt haben, ist schon ein erheblicher Fortschritt. Hier, wie so oft, muss man sich den trostvollen Spruch wiederholen: »La raison finira toujours par avoir raison.«

Neben der rastlosen Fürsorge der Unions-Regierung ist auch die verschwenderische Freigebigkeit zu bewundern, mit der reiche Privatpersonen sich an dem Werke der Volkserziehung beteiligen. So befindet sich in Brooklyn ein Mädchen-Institut, das der Großmut einer Mistress Packer sein Entstehen verdankt und, wie recht und billig, ihren Namen trägt. Das Schulgebäude und die darin enthaltenen wissenschaftlichen Sammlungen repräsentieren einen Wert von 650.000 Francs. Die Jahresausgaben betragen 228.000 Francs, von welcher Summe ungefähr die Hälfte auf den Gehalt der Lehrer entfällt. Der Vorsteher allein bezieht einen Gehalt von 18.750 Francs. Im Oktober 1868 zählte das Packer-College 700 Zöglinge. Ein anderer Wohltäter der Menschheit, Mr. Matthew Vassar, widmete einen beträchtlichen Teil seines Vermögens dem gleichen Zwecke. Er gründete zu Poughkeepsie eine Lehranstalt für Mädchen mit der ausdrücklichen Bestimmung, dass sie daselbst ganz und gar denselben Unterricht erhalten sollten, der in den Lyceen für Jünglinge erteilt wird. Der Beschluss, mittelst dessen die legislative Versammlung von New York das von Mr. Vassar gestiftete Collegium der Universität inkorporierte, wird in der Geschichte der Volkserziehung eine unvergängliche Bedeutung bewahren. Durch ihn wurde das Recht der Frauen auf wissenschaftliche Bildung, die Ebenbürtigkeit ihrer Intelligenz laut und feierlich von der Regierung anerkannt. Ein drittes Mädchen-Institut, dessen Lehrplan gleichfalls die höheren Studien umfasst, wurde in New York von einer Mrs. Rutger gegründet. Ein viertes Collegium, und zwar der wichtigsten eines, in dem beide Geschlechter Aufnahme finden, Oberlie-College, entstand aus den freiwilligen Beiträgen der Bevölkerung. Ich möchte den Denkenden sehen, den ein solcher Gemeinsinn, eine so lebendige Erkenntnis der Wahrheit, dass nur von der Bildung Heil für die Menschheit zu hoffen ist, nicht mit Bewunderung und Sympathie erfüllte!

Die Zulassung der Frauen zu ernsten Studien hat übrigens nicht nur den Individuen, sondern auch der Republik bereits segensreiche Früchte getragen; auch hier hat es sich bewährt, dass jeder Akt der Gerechtigkeit zugleich ein Akt der Klugheit ist. Als während des furchtbaren Bürgerkrieges die ganze männliche Bevölkerung im Felde stand, waren es die Frauen, die den Unterricht der Jugend und manche andere Geschäfte besorgten, zu denen ihre gründliche Bildung sie befähigte. Doch war es vor allem der Ausgang des Krieges, der den Eifer und die Tüchtigkeit der Frauen im hellsten Lichte zeigte. Durch den Sieg des Nordens über den Süden waren vier Millionen Neger plötzlich frei geworden. Rücksichten der Menschlichkeit wie der Politik machten es der Republik zur Pflicht, sich mit dem Lose, der Zukunft der ohne irgendeine Vorbereitung zur Freiheit Gelangten zu beschäftigen. Um sich von dem geistigen Zustand jener vier Millionen eine Vorstellung zu machen, muss man sich der Tatsache erinnern, dass in den Sklavenstaaten der Unterricht im Lesen und Schreiben für den Geber wie für den Empfänger mit der Todesstrafe belegt war. Mit klarem Blick erkannte man die Notwendigkeit, hier rasch und entschieden einzugreifen, und mit einer Energie, die kaum ihresgleichen hat, verbanden sich die Bürger der Union zu dem großen, dem wahrhaften Befreiungswerk. Der vor kurzem verstorbene Philanthrop Peabody allein widmete diesem Zweck eine Million Dollars; von allen Seiten liefen reichliche Beiträge ein, im Laufe weniger Jahre entstanden 4000 Schulen. Ein so außerordentlicher Zuwachs machte eine eben solche Vermehrung der Lehrkräfte notwendig, und nur durch die Zulassung der Frauen ward sie ermöglicht. Bereitwillig übernahmen sie den Unterricht in den Negerschulen. Die Lösung ihrer schwierigen Aufgaben wurde ihnen durch das Übelwollen, dem sie an vielen Punkten der früheren Sklavenstaaten begegneten, noch bedeutend erschwert. Sie ließen sich durch nichts abschrecken und bald hatten sie die erfreulichsten Erfolge zu verzeichnen. Die Jahresberichte der obersten Leiter des Unterrichtswesens drücken einstimmig die Ansicht aus, dass Frauen im Lehramte eine Intelligenz, einen Takt und eine

Umsicht beweisen, wie man sie bei ihren männlichen Kollegen nur selten im gleichen Grade findet. Auch werden sie vorzugsweise gesucht. Gegenwärtig verhält sich in den Freistaaten die Zahl der Lehrer zu den Lehrerinnen wie 70 zu 100.

Allerdings ist es zum Teil »die ungestüme Drängerin«, die Not, welche die nordamerikanische Republik zu so energischem Vorgehen anfeuerte; aber die Resultate, zu denen man gelangte, tun unwiderleglich dar, dass man den richtigen Weg einschlug, indem man, statt sich erst lange den Kopf zu zerbrechen, welches Maß von Wissen den Frauen und den niederen Volksklassen zuträglich sei, ihnen großsinnig alle Bildungsmittel an die Hand gab. Ich meine, ein solches Beispiel wäre wohl zu beherzigen. In Europa macht man es aber anders: Bei Acht und Aberacht verbietet man den Leuten, sich ins Wasser zu wagen, und spricht ihnen dann die Fähigkeit ab, schwimmen zu lernen.

Neue Freie Presse, 16. Dezember 1869

Die Wandlungen der Frauenfrage

Gewöhnlich gilt die Frauenfrage für ein Produkt unserer Zeit; höchstens dass man ihr ein Alter von fünfzig Jahren einräumt, indem man ihre Entstehung mit dem ersten Auftreten G. Sands in Verbindung bringt. Allerdings ist sie im künstlerischen Gewand und von einem großen Talent mit zauberischer Beredsamkeit verfolgt, seitdem in immer weitere Kreise gedrungen und infolge gewisser Zeitverhältnisse endlich zu einer akuten geworden, mit der man sich beschäftigen muss, man mag wollen oder nicht. Dass sie aber nicht bloß nur ein Ausdruck des Dranges nach Freiheit ist, der sich nach der Julirevolution der Gemüter bemächtigte, dass ihre ersten Begegnungen in eine frühere Zeit zurückreichen, beweist nur ein vergilbtes Buch, dessen im Jahr 1792 erschienene zweite Auflage vor mir liegt. Es trägt den Titel *Vindication of the Rights of Women* und hat Mary Wollstonecraft zur Verfasserin.

Von dem Lebensgang dieser Schriftstellerin ist mir nicht mehr bekannt, als dass sie in ihrer Heimat sich eines bedeutenden literarischen Rufes erfreute und sich später mit Mr. Godwin vermählte, aus welcher Ehe Shelleys zweite Frau, seine geliebte Mary, entspross. Wichtiger als alle biographischen Daten scheint mir jedoch das Charakterbild der merkwürdigen Frau, die in dem konservativen England solche Schlüsse zu ziehen, solche Neuerungen zu fordern wagte. Jede Art von Unterdrückung, möge sie von einem Herrscher oder einem Familienhaupt ausgehen, ist ihr ein Gräuel; jede Auszeichnung, die nicht durch persönliches Verdienst erlangt wird, ist in ihren Augen, dem der sie genießt ebenso verderblich wie dem, der sich ihr beugt. Sie eifert gegen gewisse, den Frauen eingeräumten Vorrechte, mittelst welcher man ihnen ihr wahres Recht vorzuenthalten trachtet, und besteht darauf, dass es für das eine und das andere Geschlecht nur *eine* Moral geben könne. Am heftigsten wendet sie sich gegen J. J. Rousseau, der im Widerspruch mit seinem sonstigen Spiritualismus sich zu durchwegs materialistischen Ansichten bekennt, sobald das Weib in Betracht kommt. Mit Recht fragt sie, wie es sich mit seinem Unsterblichkeitsglauben verträgt, die eine Hälfte des Menschengeschlechtes – oder hätten die Frauen etwa keine Seele? – zu fortwährender Unmündigkeit zu verdammen, ihr jede Fähigkeit zu höherer Entwicklung abzusprechen. Seine Behauptung: »Je ähnlicher die Frauen den Männern werden, umso geringer wird ihre Herrschaft über diese sein«, weist sie mit den edlen Worten zurück: »Gut! Die Frauen sollen auch nicht die Männer beherrschen, sondern sich selbst sollen sie beherrschen lernen.« Der Standpunkt, den die Verfasserin einnimmt, ist vor allem ein ethischer. Sie geht nicht darauf, nur für ihr Geschlecht diese oder jene politischen Rechte zu erobern; was sie will, ist seine moralische Vervollkommnung, der althergebrachte Verwöhnung, Trägheit und Gedankenlosigkeit hindernd im Wege stehen. Im notwendigen Zusammenhang damit fordert sie, dass für beide Geschlechter derselbe moralische Maßstab gelten und eine Frau durch eine Lüge, den Bruch des gegebenen Wortes, kurz durch jede unehrenhafte Handlung sich ebenso befleckt fühlen solle wie ein Mann. Von den so genannten weiblichen Tugenden, als da sind: Fügsamkeit, demütige Unterwerfung des eigenen Willens denkt sie gering; ihres Erachtens entspringen sie eben nur der Schwäche, wenn nicht gar berechnender Schlauheit, die durch scheinbare Nachgiebigkeit ihre Zwecke um so sicherer zu erreichen hofft. Das Weib, heißt es, soll dem Manne in allen Stücken gehorchen. In der Tat? Ist er nicht etwa auch ein dem Irrtum unterworfenes Wesen? Kann es ihm wirklich gar nicht begegnen Unrechtes oder Unvernünftiges zu wollen? Und sollen auch in diesem Fall die richtige Einsicht und Empfindung keinen Einspruch erheben dürfen? So lang die Unfehlbarkeit der Männer nicht unwiderleglich erwiesen ist, wird sich die

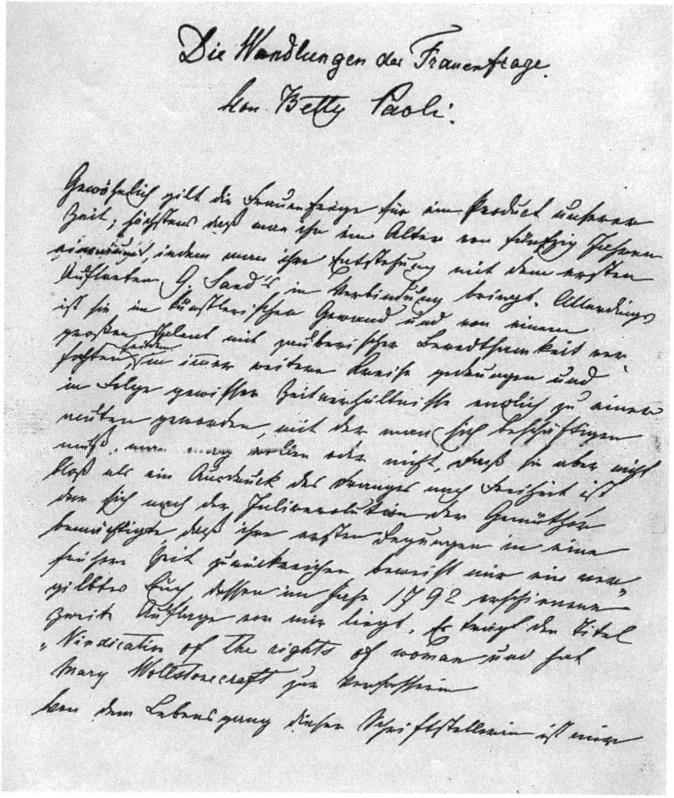

Die Wandlungen der Frauenfrage.
Von Betty Paoli:

Gewöhnlich gilt die Frauenfrage für ein Product unserer Zeit; höchstens daß man ihr ein Alter von fünfzig Jahren einräumt, indem man ihre Entstehung mit dem ersten Auftreten G. Sand's in Verbindung bringt. Allerdings ist sie in künstlerischem Gewand und von einem großen Talent mit zauberischer Beredtsamkeit vertreten, in immer weitern Kreise gedrungen und in Folge gewisser Zeitverhältnisse endlich zu einer [illegible] geworden, mit der man sich beschäftigen muß. [illegible] aber nicht, daß sie aber nicht bloß als ein Ausdruck des Verlangens nach Freiheit ist der sich nach der Julirevolution der Gemüther bemächtigte, daß ihre ersten Regungen in eine frühere Zeit zurückreichen beweist mir ein vergilbtes Buch, dessen im Jahr 1792 erschienene zweite Auflage vor mir liegt. Es trägt den Titel „Vindication of the rights of woman" und hat Mary Wollstonecraft zur Verfasserin.
Von dem Lebensgang dieser Schriftstellerin ist mir

Manuskript : Die Wandlungen der Frauenfrage

Forderung unbedingten Gehorsams seitens der Frau unmöglich rechtfertigen lassen.

Gewiss geht Mary Wollstonecraft in ihrem Eifer zu weit, wenn sie die Abhängigkeit der Weiber vom Mann ganz aus der Welt geschafft sehen möchte. Diese Abhängigkeit wird immer bestehen, denn sie beruht auf einem Naturgesetz, nämlich auf der geringeren physischen Kraft des Weibes. Sache der Frauen und in ihrem eigensten wohlverstandenem Interesse gelegen, wäre es, fremden Schutz und fremde Hilfe nicht auch in Anspruch zu nehmen, wo sie dieselben sehr leicht entbehren könnten und sich nicht zu gebärden, als bedürften sie auf Schritt und Tritt den Beistand eines Stärkeren. Wer ihnen nur eingeredet haben mag, dass diese Unselbständigkeit ihnen einen Reiz mehr verleihe, dieses schwächliche Sichanlehnen ihre Liebenswürdigkeit erhöhe?! In Wahrheit geschieht damit ihrer Menschenwürde ein empfindlicher Abbruch.

Eine gedankenlos geübte, keineswegs aus wirklicher Verehrung für das weibliche Geschlecht hervorgegangene Galanterie hat gleichfalls nicht geringes Unheil angerichtet, indem sie die Frauen zu dem Wahn verleitete, es gebühre ihnen eine Ausnahmestellung. Sie vergaßen die alte Wahrheit, dass man nicht über dem allgemeinen Gesetz stehen und zugleich die Wohltaten desselben genießen kann. So haben sie wie Esau sein Erbrecht gegen ein Linsengericht, die Achtung, die selbständigem Denken und Handeln gezollt wird, gegen nichts sagende Huldigungen eingetauscht.

Seit der Zeit, in der Mary Wollstonecraft schrieb, d.h. im Lauf eines Jahrhunderts, hat die Frauenfrage verschiedene Wandlungen durchgemacht. Die englische Schriftstellerin hatte vor allem die sittliche Hebung ihres Geschlechtes im Auge und strebte zu diesem Zwecke dessen geistige Befreiung an. Die Forderungen, die sie an die Frauenwelt stellt, sind von einer puritanischen Strenge; durch ernstes Streben, Züchtigkeit und Verschmähung alles nichtigen Tan-

des soll sich das Weib der ihm gebührenden Stellung würdig machen.
Beginn der dreißiger Jahre sehen wir G. Sand als bewussten Anwalt der Frauenrechte auftreten, aber wie verschieden von denen ihrer Vorgängerin sind die Argumente, mit denen sie dieselben versieht! Die ethischen Gesetze werden zu Gunsten der uns angeborenen Triebe übersehen, als wenn jene uns nicht gleichfalls angeboren oder mindestens durch die geistige Atmosphäre, in der wir leben, zu Blut von unserem Blute geworden wären. Trotz ihrer blendenden Rhetorik kann G. Sand uns nicht darüber täuschen, dass unsere ganze Zivilisation in ihrer Grundfeste, der Familie, bedroht wäre, wenn die Lehre von der Alleingültigkeit einer Frauenherzenswahl und dem souveränen Recht der Leidenschaft als praktisch durchzuführende Wahrheit betrachtet würde. Wenn selbst ein bevorzugter Geist wie G. Sand in den Irrtum verfallen konnte, in der geschlechtlichen Liebe, die im Leben des Weibes nicht minder als in dem des Mannes nur eine Phase ist, den ganzen Inhalt derselben zu erblicken, so errät man leicht, in welchen Phantastereien sich der Tross ihrer Nachbeter und Nachahmer überbot. Der Staub, den sie aufwirbelten, ist allerdings längst verflogen, aber von Nachteil waren sie dennoch, indem sie, wenigstens für eine Weile, die Blicke von dem richtigen Ziele ablenkten und durch ihr Vorgehen die Bewegung selbst verdächtigten. In unseren Tagen endlich hat die Frauenfrage eine weit bescheidenere Gestalt angenommen; sie tritt vornehmlich als Brotfrage auf und hat als solche ein Gewicht und eine Dringlichkeit, die nur von der Gedanken- oder Herzlosigkeit geleugnet werden kann.
Es klingt wie Hohn, wenn seichte Moralisten den Truism[1] predigen, das Weib sei nur im Schoß der Häuslichkeit an seinem rechten Platz. Als ob es erst solcher Vermahnungen bedürfte, um jedes normal geartete weibliche Wesen in der

1 Truismus: Gemeinplatz

Familie seine wahre Heimat, in der Ehe seine natürliche Bestimmung erkennen zu lassen! Ist aber die Erfüllung dieses Berufes auch allen Mädchen gegönnt? Hängt es wirklich nur von ihrem Willen ab, glückliche Gattinnen und Mütter zu werden? Wer die Zeitverhältnisse nur einigermaßen kennt, wer nicht meint, alles schwimmt im Behagen, weil ihm selber nichts abgeht, der wird zugeben müssen, dass die Gründung eines Hausstandes von Jahr zu Jahr auf größere Schwierigkeiten stößt. Nur auf die unteren Volksklassen findet dies keine oder nur geringere Anwendung, weil hier die Arbeitskraft der Frau als zinstragendes Kapital betrachtet wird. Anders verhält es sich jedoch in den gebildeten Ständen; wie sehr in diesen die Ehelosigkeit überhand nimmt, lässt sich durch statistische Tabellen unwiderleglich nachweisen. Schon vor einigen Jahren zählte man in Preußen allein anderthalb Millionen unverheiratete Personen weiblichen Geschlechts; bei der letzten Volkszählung in Wien ergab sich ein Mehr von dreizehntausend der unverheirateten weiblichen Bevölkerung gegen die männliche. Häufig wird der Egoismus der Männerwelt für diese Bedenken, eine Ehe einzugehen, verantwortlich gemacht und gewiss fehlt es nicht an Individuen, die ein bequemes Junggesellenleben den Sorgen und Selbstbeschränkungen vorziehen, denen ein Familienhaupt sich nicht entziehen kann, aber zur Regel ist dieser feige Epikureismus nicht geworden. Die Gründe der zunehmenden Ehelosigkeit sind in den allermeisten Fällen anderer Art. Wer kein eigenes Vermögen besitzt und ausschließlich auf das mit seiner Berufstätigkeit verbundene Einkommen angewiesen ist, der müsste – euphemistisch ausgedrückt – sehr mutig sein, um ein unbemitteltes Mädchen als Braut heimzuführen.

Mit gutem Grund dürfte er sich sagen, ob das Eheglück auch der rastlos nagenden gemeinen Sorge standzuhalten vermag, und ob der Kindersegen selbst dann noch ein Segen, wenn die armen Wesen, denen man das Leben gab, voraussichtlich dazu bestimmt sind, alle Leiden der gebildeten Proletarier auszukosten. Ich denke wahrlich nicht schlimmer von dem Manne, der, dies erwägend, auf die Ehe verzichtet. Es ist eben eine harte Zeit, in der wir leben, und in der Natur der Dinge liegt es, dass ihre Schwere auf den Schwächeren am empfindlichsten lastet. Mädchen ohne Mitgift werden nur in seltenen Ausnahmefällen an den Mann gebracht. Wenn das Elternhaus ihnen kein Heim mehr zu bieten hat, müssen sie sich durchhelfen, so gut sie es vermögen.

Diese für so viele unabweisliche Notwendigkeit und die geringe Möglichkeit, ihr zu genügen, haben in neuester Zeit die Frauenfrage zu einer hochwichtigen gemacht. Mary Wollstonecraft war vor allem auf die geistige und sittliche Hebung ihres Geschlechtes, G. Sand nur auf dessen vermeintliche Befreiung von der Tyrannei der Männer bedacht; die Bedingungen seiner materiellen Existenz zu erörtern lag beiden fern. Das hat sich seitdem von Grund auf verändert; die Frauenfrage ist aus der Sphäre der philosophischen und der dichterischen Spekulation auf den Boden der Wirklichkeit herabgestiegen und verlangt nach einer praktischen Lösung. Die Einsichtigen und Wohlmeinenden haben denn auch erkannt, dass es sich vor allem darum handle, die Erwerbsfähigkeit der Frauen zu entwickeln und ihr weitere Gebiete zu erschließen. In den großen Städten Deutschlands und Österreichs wurden Vereine gegründet, die sich die Aufgabe stellten, junge Mädchen in Spezialschulen für verschiedene Berufszweige, die bis dahin als ein Monopol der Männer gegolten hatten, ausbilden zu lassen. Es geschah mit dem besten Erfolg. Dank diesen Vereinen ist es nicht nur einer großen Anzahl von Mädchen und Frauen gelungen, sich eine unabhängige Existenz zu schaffen, sondern, was noch mehr ist, es wurde damit auch der Beweis erbracht, dass das weibliche Geschlecht bei richtiger, will sagen, systematischer Unterweisung sich sehr wohl die zu einem gedeihlichen Fortkommen nötigen Kenntnisse und Geschicklichkeiten aneignen kann. In früherer Zeit fand man sich damit ab, die vorherrschende Unzulänglichkeit weiblicher Leistungen auf Rechnung der weiblichen Natur zu setzen; jetzt täuscht man sich nicht länger darüber, dass vornehmlich die vollkommene Planlosigkeit der Unterweisung schuld daran war und häufig noch ist. Im öffentlichen Unterricht ist zwar ein sehr wesentlicher Fortschritt zu verzeichnen; man ist von der Meinung zurückgekommen, dass oberflächliche, wie von ungefähr zusammengeraffte Kenntnisse und Fertigkeiten für Mädchen ausreichend seien und bestrebt sich, in ihr Wissen einen organischen Zusammenhang zu bringen, ihre Anlagen auf einer rationalen Basis zu entwickeln. Nicht ebenso Erfreuliches ist im Allgemeinen von der häuslichen Erziehung zu vermelden, diese leidet noch an sehr vielen Widersprüchen und Inkonsequenzen schädlicher Art. Man darf indes hoffen, dass der Einfluss einer reicheren und gründlicheren Bildung, die der jetzt heranwachsenden Generation zugänglich ist, sich bei der künftigen auch in Bezug auf das Erziehungswesen fühlbar machen wird.

Eine Stelle in Mary Wollstonecrafts Buch lautet: »Rousseau versichert, einst (nämlich zur Zeit des Naturzustandes) sei alles gut gewesen; heutzutage wird behauptet, es sei alles gut; ich aber meine, es wird noch alles gut werden.«

Ohne diesen Optimismus zu teilen, der ein absolut Gutes für erreichbar hält, denke ich, jeder möge trachten, dass es immer besser und endlich so gut werde, als sich mit der Unvollkommenheit alles Irdischen verträgt.

Undatiertes Manuskript, 12 Seiten. Laut Tagebuch Marie von Ebner-Eschenbach: 1885

Die Kritik soll aber meines Erachtens die charakteristischen Züge einer geistigen Erscheinung so prägnant bezeichnen, dass selbst die mit dem in Rede stehenden Talent Unbekannten über die eigentliche Wesenheit desselben nicht in Zweifel bleiben können.
Betty Paoli: *Brief an Leopold Kompert*[1]

Annette v. Droste-Hülshoff[2]
Ein Lebensbild von Schücking

Börne bemerkt irgendwo, man solle nicht zu hart gegen die arme Lüge sein, sie habe doch nur vierundzwanzig Stunden zu leben. Man wäre fast versucht, unbedeutenden geistigen Produkten gegenüber gleiche Milde anzuempfehlen; ihr Dasein ist so kurz, dass man es ihnen nicht verkümmern sollte. Sie sinken mit der Tageswelle, die sie emportrug, und keine Spur bleibt von ihnen zurück. Ihnen mit Ernst zu Leibe gehen, heißt mit Kanonenkugeln auf Seifenblasen schießen. Wartet nur eine kurze Weile, sie werden schon von selbst platzen. Wozu sich abmühen, um die Nichtigkeit gewisser Poetlein darzutun, die durch glückliche, nicht immer zufällige Umstände begünstigt, sich auf einen Platz gedrängt haben, der ihnen nicht gebührt? Es ist nicht nur bequemer, sondern auch klüger, das Richteramt über sie der Zeit zu überlassen, deren Hauch das Nichtige verweht und das Große verklärt. Was ist von so vielen Versen übrig geblieben, denen es zur Zeit ihres Erscheinens an Beifall nicht fehlte, die in niedlicher Miniaturausgabe auf dem Bücherbrett eleganter Damen lagen und umso lieber gele-

1 31. Jänner 1851

2 Annette v. Droste-Hülshoff 1797–1848

sen wurden, je geringere Anforderungen sie an den Leser stellten? Niemand weiß mehr von ihnen, sie sind, als wären sie nie gewesen. Wer wäre so grausam, ihnen ihren flüchtigen Erfolg zu missgönnen, oder so töricht, ihnen vorzuwerfen, sie hätten das Große verdrängt. Das Große lässt sich nicht erniedrigen; es kann eine Weile unerkannt bleiben, aber sein Tag muss kommen und der Sieg ist ihm gewiss. Wir erleben es jetzt: Während so manche »gesinnungstüchtigen« oder »liebenswürdigen« Poeten, von denen vor zwei Dezennien, ja selbst in minder ferner Vergangenheit, viel Redens und Rühmens war, heute ganz und gar vergessen sind, verbreitet sich allmählich der Ruhm der größten deutschen Dichterin, deren Stimme, wenn auch lange überhört, endlich siegreich durchgedrungen ist, ein Herold der eigenen Herrlichkeit.

Ich habe vor längerer Zeit ein literarisches Charakterbild der Droste zu geben und die Ursachen zu klären versucht, welche der unmittelbaren und allgemeinen Wirkung dieses außerordentlichen Geistes hindernd im Wege standen. Es scheint, dass jene Ursachen, die zum großen Teil äußerlicher Natur waren, nach und nach ihre Hemmkraft verloren haben, denn die Werke der Droste, die früher nur ein kleiner Kreis von Wissenden, möchte ich sagen, im Herzen trug, finden mehr und mehr Verbreitung, wie die neu erschienene Auflage der *Gedichte* beweist, der vor nicht langer Zeit eine zweite Auflage der religiösen Dichtungen *Das geistliche Jahr* voranging. Es ist ein später Sieg, an dem sich das längst zu Staub zerfallene Herz der Dichterin nicht mehr erfreuen kann; wohl aber mögen wir uns freuen, dass das deutsche Volk endlich zur Erkenntnis des Schatzes gelangt ist, für den es allzu lange blind war.

Mit gutem Grund hat Levin Schücking diesen Zeitpunkt abgewartet, um dem Publikum die innere und äußere Lebensgeschichte der Dahingeschiedenen mitzuteilen. Gewiss war er vor vielen befähigt, diese Aufgabe zu lösen: Seit seinen Knabenjahren kannte er die Dichterin, die freundlich ruhige Unbefangenheit, mit der sie, die wohl um siebzehn Jahre ältere Frau, ihm gegenüberstand, ließ ihn manchen tiefen Einblick in die Schätze tun, die sie sonst der Welt lieber verbarg als zeigte, und manche ihrer Besonderheiten nur ihm durch die Rasseneigenheiten des Stammes verständlich, dem er so gut wie sie angehörte. Das letztere Moment darf bei einer Schilderung der Droste nicht übersehen werden; trennt man sie von dem Boden, auf dem sie aufwuchs, so bleiben viele charakteristische Züge ihres Wesens und ihrer Dichtung unerklärt. Es ist eine leere Phrase, wenn man behauptet, die auserlesenen Geister, die Künstler und Dichter hätten kein spezielles Vaterland, ihr Vaterland sei die Welt und was dergleichen schöne Worte mehr sind. Ihre Wirkung freilich erstreckt sich über die Welt, doch ist ihnen deshalb nicht minder das Gepräge ihrer irdischen Heimat deutlichst aufgedrückt, und vielleicht ist es gerade dies, was ihnen neben ihrer allgemein menschlichen Bedeutung zugleich auch den Reiz des Konkreten verleiht. In diesem Reize spiegelt sich das individuelle Leben der Völker und Volksstämme und mit ihm die unendliche Mannigfaltigkeit der Welt.

In anmutig einfacher Weise schildert Levin Schücking seine erste Begegnung mit der Droste, ihre äußere Erscheinung, ihre Umgebung und die Verhältnisse, in denen sich ihr Leben in stiller Gleichförmigkeit hinspann. Ihre Familie gehört zu den alten Adelsgeschlechtern Westfalens und hat manche ausgezeichnete Mitglieder aufzuzählen. Annettens Mutter war eine Schwester des auf dem Gebiet der Länderkunde hochverdienten Freiherrn von Haxthausen. Zu Hülshoff, dem alten Stammsitz der Familie, wurde Annette Elisabeth v. Droste als das zweite Kind ihrer Eltern im Jahre 1797 geboren und hat dort gelebt, bis sie nach dem 1826 erfolgten Tod ihres Vaters mit ihrer Mutter den Witwensitz Rüschhaus bezog. Sie war von ungemein zarter Konstitution, in der die Nerventätigkeit überwiegend vorherrschte; um diese Letztere herabzustimmen, hielt man es für angemessen, bei ihrer Erziehung eine gewisse, jede Exzentrizität im Vorhinein unterdrückende Strenge vorwalten zu lassen. Gründlicher Unterricht in wissenschaftlichen Gegenständen sollte zur Erreichung dieses Zweckes mithelfen. Annette nahm an den Lehrstunden ihrer Brüder teil und erwarb sich manche Kenntnisse, die Frauen fremd zu bleiben pflegen. Auch das bedeutende musikalische Talent des Kindes ward nicht vernachlässigt. Schon frühe regte sich die dichterische Gabe. Die erste poetische Entwicklung der Droste fiel in jene schwächlich sentimentale Zeit, die bewundernd zu Salis und Mathisson aufblickte und in Ernst Schulzes *Die bezauberte Rose* das Evangelium der Poesie verehrte. Es konnte nicht fehlen, dass Annette diese Meister, die sich ihr überall aufdrängten, nachahmte. Schücking teilt ein Fragment aus einem größeren Gedicht mit, das sie in ihrer Jugend schrieb; es zeigt uns das Talent der Droste, dessen Stärke eben in seiner strammen Objektivität liegt, auf falscher Fährte, doch begegnet man selbst hier einzelnen Stellen, die für die Gestaltungskraft der jugendlichen Dichterin ein glänzendes Zeugnis ablegen.

Ihr Leben im Vaterhause wird uns von Annette v. Droste selbst in unvergleichlicher Weise geschildert, und zwar in einem Bruchstücke, das Schücking ihrem schriftlichen Nachlasse entnahm, um es in dieses Buch einzuschalten. Mit einem staunenswerten Schilderungstalent entwirft sie darin ein Bild der Umgebung, in der sie aufgewachsen ist und unter der sie den größeren Teil ihres Lebens zubrachte. Auch ihr eigenes Porträt ist darin mit einer Klarheit und Festigkeit gezeichnet, welche die Ähnlichkeit verbürgen. Gewöhnlich lebte die Familie auf dem Lande, und wenn hie und da ein Ausflug gemacht wurde, überschritt er nicht die Grenzen der Heimat. Erst als Annette infolge eines schmerzlichen Anlasses in eine Melancholie versank, welche den Arzt auf eine Ortsveränderung dringen ließ, kam sie mit der Welt in Berührung. Sie brachte mehrere Winter in Köln und dann in Bonn zu und erhielt, namentlich in

dem letzteren Ort, der damals einen geistig hochbedeutenden Kreis beherbergte, den Abschluss ihrer Jugendbildung. Mit Recht weist Schücking darauf hin, wie gerade in jenen Jahren in der Literatur ein erfrischendes, belebendes Element sich Bahn zu brechen begann. Es erstand die deutsche historische Schule; der Einfluss Walter Scotts gesellte sich hinzu, um die konventionelle Anschauung der Vergangenheit durch eine richtigere zu verdrängen. Es ist nicht schwer, den Eindruck zu ermessen, den diese Umstimmung in Annette hervorrufen musste; es mag ihr gewesen sein, als würde sie erst jetzt in ihr richtiges Element versetzt. Sie sah die Wahrheit, die sie im Leben vor allem liebte und ehrte, nun auch in der Dichtung auf den Thron erhoben. Um jene Zeit schrieb sie das *Hospiz auf dem St. Bernhard*, dem bald *Des Arztes Vermächtnis* und *Die Schlacht im Loener Bruch* folgen. Nebst diesen epischen Gedichten war im Laufe der Zeit auch eine Anzahl lyrischer entstanden und dringenden Aufforderungen nachgebend, entschloss sich Annette zur Veröffentlichung des kleinen Bandes. Er erschien im Jahre 1837 zu Münster unter dem Titel: *Gedichte von A. E. v. D. H.* Der Erfolg war ein sehr bescheidener. Es darf nicht befremden, dass in einer Zeit, in der das junge Deutschland eine Art literarischer Hegemonie ausübte, die Gedichte der Droste nicht durchdringen konnten. Doch auch davon abgesehen, hätte es eines besonderen Glückssterns bedurft, um der in einer entlegenen Provinzhauptstadt, unter dem Schleier der Anonymität erschienenen Sammlung Geltung zu verschaffen.
Die Dichterin selbst nahm, wie uns Schücking versichert, diesen Nichterfolg mit philosophischem Gleichmut hin, wie sie denn überhaupt in der ruhigen Kraft und Hoheit ihres Wesens sich um den Beifall oder Tadel der Welt nie weit gekümmert zu haben scheint.
Schon früher war Annette in ihre Heimat zurückgekehrt. Ihre ältere Schwester hatte sich mit dem Reichsherrn von Laßberg verheiratet und war mit ihm nach der Schweiz ge-

zogen: Die Mutter machte Reisen dahin, welche sie mitunter für Jahresfrist ferne hielten. So war das stille Rüschhaus noch stiller geworden; nichtsdestoweniger harrte Annette aus eigener Wahl dort aus. Die Schilderung ihres Lebens auf dem einsamen Edelsitze ist eine der gelungensten Partien dieses Buches. Kein Detail, das den charakteristischen Ausdruck zu erhöhen vermag, ist vergessen. Man sieht sich in die von ihr bewohnten Ruinen versetzt, die nach Schükkings Bemerkung ebenso wenig an das Boudoir einer Dame als an das Arbeitszimmer einer Schriftstellerin erinnerten. Nie hat die Droste in der Literatur ihren eigentlichen Lebensberuf erblickt, schon ihre schwankende Gesundheit machte ihr jede angestrengte Tätigkeit unmöglich. Ein nervöses Leiden äußerte sich schon damals in beunruhigenden Symptomen. So spann sie sich immer tiefer in ihre Einsamkeit, die sie jedoch mit den entschiedensten Interessen zu beleben wusste. Sie hatte Lust am Sammeln; der braun angestrichene Tisch in ihrem Wohnzimmer enthielt eine Menge prachtvoller alter Münzen und Gemmen und merkwürdiger altertümlicher Uhren in getriebenen Goldgehäusen. Die Kinder aus dem Dorfe statteten unter ihrem Fenster häufig Besuche ab, um sich von dem »Frölen« allerlei schöne Geschichten »vertellen« zu lassen. Die Rats- oder Hilfsbedürftigen aus der Umgebung wendeten sich an sie, deren unerschöpfliches Wohlwollen in der Sorge für andere seine liebste Beschäftigung fand. Auch die Musik war eine Freude bringende Gefährtin ihrer Einsamkeit. Annette v. Droste besaß für diese Kunst eine große und schöpferische Begabung und war Meisterin im Improvisieren. Doch wie in der Poesie entschloss sie sich nur selten, ihre musikalischen Eingebungen auf dem Papiere festzuhalten. Man besitzt in diesem Fache von ihr nur eine Reihe altdeutscher Minne- und Volkslieder, deren Text gleichfalls ihr angehört. Die beiden Volkslieder, die Schükking hier mitteilt, sind in der Tat von reinster Stimmung und wunderbarer Schönheit.

……

Auch die Entstehung der Mehrzahl der im *Geistlichen Jahre* enthaltenen Dichtungen fällt in diese Zeit. Sehr treffend, ja mit psychologischem Tiefblick, schildert Schücking das Verhältnis der Droste zur Religion und mit diesem die einzigen schmerzvollen Seelenkämpfe, welche ihr sonst so still umfriedetes Leben verstörten. Sie war zu strenger Gläubigkeit erzogen worden, aber ein Geist wie der ihre war nicht gemacht, in Glaubenssätzen, zu denen er nicht durch eigene Arbeit gelangt war, Beruhigung zu finden. Finstere Zweifel regten sich in ihrer Brust. Man erlaube mir, hier Schückings eigene Worte als die bezeichnendsten anzuführen:
»Sie blickte scharf und kühn den letzten Folgerungen der Negation ins Antlitz. Aber vor dem Abgrund des Nichts erschauderte ihre Seele in ihren tiefsten Fibern. Sie zog den kühn emporgedrungenen Fuß zurück vor diesem Abgrund; ihr kritisches Denken, das sich gegen den Glauben gerichtet hatte, begann sich mit gleicher Schärfe gegen den Unglauben zu richten. Sie hörte die Stimmen des Gemütes, die wie leise Glockentöne mahnend zur Umkehr riefen, und die Phantasie beflügelte diese Umkehr.«
Diese inneren Vorgänge erklären die stürmische, ja mitunter wilde Leidenschaftlichkeit des religiösen Gefühls, das sich in ihrem Buche *Das geistliche Jahr* ausspricht. Es liegt darin die angstvolle Heftigkeit eines Schutz suchenden Geistes, die tiefe Zerknirschung eines sich selbst misstrauenden Herzens.
Mit diesem Glaubensbedürfnis übereinstimmend war der Hang zum Wunderbaren, Geheimnisvollen, der einen eigentümlichen Zug der Droste ausmacht. Sie glaubte an das Hereinragen einer Geisterwelt in diese sichtbare. Von Natur aus besaß sie ein merkwürdiges Organ für das Mysteriöse; ihre von Wunderglauben erfüllte Heimat tat das Ihrige, um es noch mehr auszubilden. Gedichte, wie ihr *Fundator, Vorgeschichte, Das Fräulein von Rodenschild* kann nur der mit gleicher Macht und Wirkung schreiben, der von der Wahrheit der darin erzählten Begebenheit wirklich

überzeugt ist. Einen seltsamen Eindruck macht es, dass die Droste, an deren unerschütterlicher Wahrheitsliebe kein Zweifel möglich, den Vorgang, den die Handlung des letztgenannten Gedichtes bildet, selbst erlebt zu haben behauptete. Es kam nun eine Zeit, in der das stille abgelegene Rüschhaus ganz verlassen stand. Annettens Schwager, Baron Laßberg, hatte das Schloss Meersburg am Bodensee an sich gebracht; dorthin zog nun die Dichterin, um im Kreise ihrer Verwandten angesichts einer herrlichen Natur Stärkung ihrer Gesundheit und neue Anregungen für ihren Geist zu finden. Man errät leicht, wie bald sie sich hier heimisch fühlen mochte: Die Nähe einer geliebten Schwester bot ihr stillen Herzensgenuss, eine wunderbare, von Alpenfirnen begrenzte Gegend breitete sich vor ihren Blicken aus, die von Merovingern erbaute Burg, in der sie jetzt hauste, rief tausend poetische Träume in ihr wach. Die Rückwirkung dieser günstigen Umstände blieb nicht aus; Annette fühlte sich wieder zu dichterischem Schaffen angetrieben. Sie schrieb *Die Judenbuche*, eine meisterhafte, in den *letzten Gaben* enthaltene Erzählung aus dem westfälischen Volksleben, und infolge einer Wette, die sie mit Levin Schücking eingegangen war, entstand im Verlauf weniger Monate im Winter 1841 – 1842 die weitaus große Anzahl der lyrischen Poesien, die sich in dem Bande ihrer *Gedichte* befinden.
Im Jahre 1844 erschien dieser Band, dem die früher veröffentlichten drei größeren Gedichte und noch ein viertes *Der Spiritus Familiaris des Roßtäuschers* eingeschaltet wurden, in Cottas Verlag. Ich habe bereits erwähnt, dass die Aufnahme, die sie fanden, mit ihrem Wert in sehr ungleichem Verhältnis stand. Ein Teil der Schuld trifft allerdings die Dichterin selbst, die ihre großartigen Gedanken und tief ursprünglichen Empfindungen mitunter durch eine unklare verworrene Ausdrucksweise und eine keineswegs tadellose Form beeinträchtigt hatte, doch beruhte diese Ungunst unendlich mehr in den Zeitverhältnissen. Jedenfalls hat man die Beruhigung, dass der geringe Erfolg in das Leben der

Dichterin keine Trübung brachte: Ein ruhiges Selbstbewusstsein und eine in berechtigtem Stolz wurzelnde Gleichgültigkeit gegen das Urteil der Menge machten es ihr leicht, den fremden Beifall zu entbehren.

Im Frühjahr 1847 kehrte sie noch einmal nach Westfalen zurück; im Herbst desselben Jahres begab sie sich wieder nach Meersburg. Sie hatte ihre Heimat zum letzten Male gesehen, ihre letzten Tage waren gekommen. Bereits von Krankheit niedergebeugt, musste sie noch Zeugin der verhängnisvollen Erschütterung sein, welche der Frühling des Jahres 1848 unserm Weltteil brachte. Sie schrak vor dem drohenden Umsturz aller Verhältnisse und Anschauungen zurück wie vor dem Chaos. Es war ihr nicht gegönnt, die Wogen wieder in ihr Bett zurücktreten zu sehen; am 24. Mai 1848 machte ein Herzschlag ihrem Leben ein Ende. Sie hatte vor vier Monaten ihr fünfzigstes Jahr zurückgelegt.

Überdenkt man dieses Leben, das kaum von einem bedeutenden äußeren Ereignisse bewegt, in stiller Gleichförmigkeit hinfloss, dem es nicht gegönnt war, seine einzelnen Strahlen in einem Brennpunkte zu sammeln, und vergleicht man damit die wunderbaren Blüten, die es dennoch trieb, so fühlt man sich mehr und mehr in der Überzeugung bestätigt, dass die geistige Entwicklung des Menschen von der Gunst der Verhältnisse vollkommen unabhängig ist. Man wird nur, was man schon ist; mit anderen Worten: Die Naturgaben, die wir mit zur Welt bringen, sind unser wahres Schicksal, an dem äußere Geschicke so viel wie nichts ändern. Die Verhältnisse, in denen die Droste ihre Tage hinbrachte, waren durchaus nicht danach angetan, einen poetischen Genius zu wecken. Keine Anregung von außen her eröffnete ihr neue Gedankenkreise, kein Vollgefühl persönlicher Befriedigung lehrte sie die Fülle des Daseins begreifen, die monotone Schlichtheit ihrer Umgebung führte kein Bild eines im blendend raschen Wechsel begriffenen Lebens an ihrer Phantasie vorüber.

Nichtsdestoweniger ist die Droste die größte Dichterin ihrer Nation geworden, denn statt jener Hilfsmittel hatte ihr der Himmel die Kraft verliehen, welche ohne diese das Höchste erreichen kann. Sie besaß den Seherblick, der, von der Erscheinung unbeirrt, die Dinge in ihrer Urgestalt erfasst, den gewaltigen Geist, der die Welt besiegt, indem er auf sie verzichtet, das tiefe, reiche, liebesströmende Herz, das, wie sie selber es so schön ausspricht, sich zum Mittelpunkt der Welt macht, indem es Lust und Leid der anderen in sich aufnimmt. Aus diesem Verein der seltensten Gaben entsprang in natürlicher Folge noch eine, und zwar diejenige, die vielleicht den hervorstechendsten und eigentümlichsten Zug der Dichterin ausmacht, ihr zaubervoller Humor, der ganz nach Jean Pauls Definition in der Tat ein Lächeln voll Schmerz und Größe ist. Schücking hat vollkommen Recht, wenn er diesen Humor als das eigentlich charakteristische Moment der Droste betrachtet. Ihre tiefinnere Liebenswürdigkeit beruht zumeist auf ihm, denn frei von jeder Bitterkeit, jedem ironischen Beigeschmack ist er vor allem der Ausdruck eines von unendlichem Wohlwollen durchdrungenen allseitigen Verständnisses der Welt.

So tritt uns das Bild der Dichterin in Levin Schückings Buch entgegen, und warme Anerkennung muss dem Verfasser gezollt werden, wenn er auch nicht alle Rätsel dieser vielgestaltigen Seele löst, nicht alle Tiefen dieses ungewöhnlichen Charakters beleuchtet. Ein befremdendes Rätsel ist es gewiss, dass dies tief und leidenschaftlich empfindende Dichterherz, dies im höchsten Sinne weibliche Gemüt voll treuer Hingebung und opferfroher Selbstvergessenheit die Liebe in dem Sinne, der sich gewöhnlich an dieses Wort knüpft, nie gekannt zu haben scheint. Ihre freilich erst in einer späteren Lebenszeit entstandenen Gedichte enthalten kaum eine Reminiszenz, die auf ein ähnliches inneres Erlebnis schließen ließe, und ebenso sorgfältig vermeidet ihr Biograph diesen Punkt nur entfernt zu berühren. Ist ihr jenes Gefühl, das den Angelpunkt im Lebens des Weibes zu bilden pflegt, wirklich immer fremd geblieben, so müsste der Grund dieser abnormen Erscheinung erklärt werden; wenn nicht, so war eine Andeutung, die leicht von jeder rohen Indiskretion rein zu halten gewesen wäre, erforderlich, um dem Leser auch nach dieser Seite hin einen Einblick in das seelische Leben dieser außerordentlichen Erscheinung zu gewähren. Dass Levin Schükking vollkommen befähigt war, diese Aufgabe mit sicherer und pietätvoller Hand zu lösen, beweisen viele andere Partien seines Buches, namentlich diejenigen, in welchen er von dem poetischen Schaffen der Droste spricht. Sehr dankenswert ist, dass er auch einzelne ihrer Gedichte kommentiert, deren Verständnis mitunter durch einen schroff abspringenden Gedankengang und eine unklare Ausdrucksweise erschwert wird. Ein Fehler, und zwar ein großer Fehler, ist dies freilich, aber der Wert des poetischen Inhalts wird dadurch nicht aufgehoben, und wenn das Dunkel solche Schätze beherbergt wie hier, ist es ein Verdienst, die Leuchte des erklärenden Wortes hinzutragen. Schließlich sei noch des wesentlichen Vorzugs erwähnt, den die in Rede stehende Biographie vor vielen ähnlichen Arbeiten hat, sie ist frei von der blinden urteillosen Lobsucht, die einem die Persönlichkeit, vor der sie ihre Weihrauchwolken aufsteigen lässt, nahezu verleiden könnte, und frei von jenem Superioritatsdünkel, der die Schilderung des Fremden nur als Folie für die eigene Wohlweisheit benutzt. Sie ist mit einem Worte weder aus haltloser Überschwänglichkeit noch aus selbstischem Trachten hervorgegangen, sondern ein reines Werk der Wahrheit, der Gerechtigkeit und der Liebe.

Constitutionelle Oesterreichische Zeitung, Jänner 1862

Rahel [1]
Aus Rahels Herzensleben. Briefe und Tagebuchblätter

Die Herausgeberin des vorliegenden Buches scheint in Rahels Briefschaften eine unerschöpfliche Fundgrube zu besitzen, die sie denn auch mit nie ermüdendem Fleiße ausbeutet. Im gegenwärtigen Falle verschmäht sie es allerdings nicht, nebst dem edlen Metalle auch geringes an den Tag zu fördern, nämlich zugleich mit den Ergüssen einer merkwürdigen Persönlichkeit auch die Briefe der unbedeutenden Männer zu veröffentlichen, mit denen Rahel in Beziehung stand. Da jedoch die letzteren Mitteilungen dazu dienen, über die Herzensschicksale jener ungewöhnlichen Frau volles Licht zu verbreiten, uns den Abstand zwischen ihr und den Gegenständen ihrer Liebe, damit aber zugleich auch die Unvermeidlichkeit eines unglücklichen Ausganges erkennen zu lassen, so mögen wir uns darein fügen, dass nur wenig mehr als die Hälfte des Buches von Rahel selbst herrührt, während ein ansehnlicher Teil desselben mit den keineswegs interessanten Briefen Finckensteins und den inhaltsleeren Billets Urquijos ausgefüllt ist.

Frühere Publikationen aus Rahels brieflichem Nachlasse haben die Namen dieser beiden der Leserwelt längst bekannt gemacht. Dass der eine so wenig wie der andere fähig war, das Wesen einer so ausnahmsweisen Individualität zu verstehen, die Glut ihrer Empfindungen zu teilen, geht aus diesen Briefen mit herber Unwiderlegbarkeit hervor. Sie waren Alltagsmenschen und vermaßen sich, gleiche Bahnen mit einer genialen Natur zu gehen. Wie vorwitzige Knaben, denen es einfiel, mit dem Feuer zu spielen, sehen wir sie vor der Flamme, die sie selbst entzündeten, er-

1 Rahel von Varnhagen 1771–1833

schreckt zurückweichen und sich am Ende glücklich schätzen, dass sie noch mit heiler Haut davonkamen.
Rahel war fünfundzwanzig Jahre alt, als sie den etwas jüngeren Grafen Karl von Finckenstein kennen lernte; bald entspann sich zwischen ihnen ein leidenschaftliches Verhältnis. In dem Buche wird behauptet, Finckenstein sei Rahels erste Liebe gewesen. Wahrscheinlich ist es eben nicht, dass ein Wesen von solcher geistigen Frühreife, von so heißen Gemütstrieben die ganze eigentliche Jugendzeit hindurch der Liebe unnahbar gewesen sein sollte, doch können sich bloße Wahrscheinlichkeitsgründe einer bestimmten Versicherung gegenüber nicht behaupten. Genug, Rahel liebte Finckenstein und wurde von ihm geliebt. Aber in diesem Herzensbunde waren die Rollen wunderlich vertauscht: Das Weib war dem Mann nicht nur an Geist, sondern auch an Energie des Charakters weit überlegen, während er sie durch Schönheit, Anmut und Liebenswürdigkeit fesselte. Dass ein auf so naturwidriger Grundlage ruhendes Verhältnis unmöglich zum Glück führen konnte, liegt auf der Hand. Zwar fühlte Finckenstein sich mächtig zu Rahel hingezogen; der sicherste Beweis dafür ist, dass er eine Weile allen Ernstes – so ernst er überhaupt etwas nehmen konnte – daran dachte, sie, die Bürgerliche, die Jüdin, zu heiraten, und in der Verblendung der Leidenschaft sich die moralische Kraft zutraute, allen Standesvorurteilen Trotz zu bieten. Als es aber wirklich dazu kommen soll, entsinkt ihm der Mut und auf Schleichwegen sucht er dem Wirrsal, in das er sich verstrickt hat, zu entrinnen. Statt sich offen als Feigling zu bekennen, spekuliert er auf die großartige Gesinnung der Geliebten und heißt sie darüber entscheiden, ob er denn auch seiner Familie eine so schwere Kränkung zufügen dürfe. Er hat sich in Rahel nicht geirrt: Ein erbetteltes Glück verschmähend, entsagt sie ihren Ansprüchen auf ihn und gibt ihn frei. Das wars, was er wollte! Aber auf die Geliebte verzichten will er keineswegs. Er bittet, fleht, bis Rahel, von ihrer Leidenschaft

betört, und gewiss im Widerspruche mit ihrer besseren Einsicht, sich bewegen lässt, die früheren Beziehungen wieder aufzunehmen. Das unerquickliche Verhältnis schleppt sich einige Zeit fort. Da schwirrt dem Haltlosen plötzlich das Projekt einer Konvenienzheirat durch den Sinn und wieder beginnt das falsche, heuchlerische Spiel. Abermals gibt er sich den Anschein, als lege er sein Schicksal in Rahels Hände; nach ihrem Ausspruche will er handeln. Diesmal findet er sie aber nicht mehr so opferwillig, so selbstvergessen. Sie antwortet ihm: »Ein Mal habe ich dem, was ich für Recht erkenne, das ungeheuerste Opfer gebracht, welches Menschen zu bringen fähig sind. Es ist mir nicht gelungen, dem Schicksale selbst schien es nicht zu gefallen, es nahm es nicht an. Nie tue ich dergleichen wieder, das gelobe ich dir bei dem, was dir das furchtbar Heiligste sein mag. Ich werde nie wieder die Erste sein, die sich von dir trennt, und wenn Himmel und Hölle, die Welt und du selbst mir gegenüberstehen. – Den Kelch, den mir mein Gott reicht, ich will ihn leeren; selbst nur nehme ich ihn nicht wieder.«

Die geplante Heirat kam nicht zu Stande. So erstaunlich es klingen mag: Die Korrespondenz geht weiter fort, und nach wie vor zeichnet Finckenstein seine Briefe mit seinem stereotypen »Ewig dein Karl«.

Er, der wiederholt feig und schmählich von ihr abgefallen war! Die Erinnerung daran scheint ihn nicht im Geringsten gestört zu haben. Es gibt Menschen, die es ganz natürlich finden, vorkommendenfalls den zu verraten, den sie zu lieben glauben. – Allmählich wird Finckensteins Ton kühler und endlich so gleichgültig, ja so geringschätzig, dass Rahel sich dagegen aufbäumt. Es kommt zum vollständigen Bruche. Zwölf Jahre vergehen, ohne dass eines dem andern ein Lebenszeichen gibt; erst nach diesem langen, von wechselnden Schicksalen und Leidenschaften ausgefüllten Zeitraume sehen sie sich wieder. Das Tagebuchblatt, welches von diesem Zusammentreffen berichtet, ist reich an psychologischen Rätseln. »Dein Mörder!«, denkt sie, als sie ihn erblickt und Tränen kommen ihr in den Hals und in die Augen. Sie durchschaut ihn ganz, beurteilt ihn schonungslos, nennt ihn einen beschränkten, unsteten Mann, der wie solche auch störrisch sein kann, aber der Zauber, den er einst auf sie ausübte, ist noch immer nicht gebrochen. Sie gesteht sich: »Und nun, da ich ihn sah und besah, fühlte ich, wusste ich, dass ich ihm treu geblieben war, so wie er ist, trotz meiner Kenntnis von ihm. Hätte er gestern durch einen Zauberring alles, was in den zwölf Jahren vorgefallen ist, ungeschehen machen können, so hätte er sich mein ganzes Leben wieder anlocken können, wenn er gewollt hätte.«

Möchte man nicht an alle Wunder des Magnetismus glauben, wenn man dies Geständnis liest, sich nicht beklommen fragen, ob denn wirklich unsere Erkenntnis, unser sittliches Gefühl nichts vermögen, sobald ein unbekanntes Fluidum auf unsere Nerven einwirkt? Wenn irgendetwas, so scheint mir diese unbegreifliche Herrschaft, die hier eine schwächliche, armselige Persönlichkeit über eine reich begabte, kraftvolle ausübt, dem unheimlichen Gebiete anzugehören, das man die Nachtseite der Natur nennt.

Es war Rahels letzte Begegnung mit Finckenstein; wenige Monate später starb er.

Seine Briefe füllen etwa ein Drittel des Bandes; von den ihrigen sind wenige erhalten geblieben, zudem nur solche, die unmittelbar vor dem definitiven Bruche geschrieben wurden. Die Zeugen einer früheren, glücklicheren Zeit wurden durch Zufall oder mit Absicht vernichtet, nur die Anklagen, die Schmerz und Zorn der Schwerbeleidigten entrissen, sind auf uns gelangt. Sehr merkwürdig ist, dass einer dieser Briefe Rahels, und zwar ein in den heftigsten, härtesten Ausdrücken abgefasster, nur noch in einer Abschrift von Finckensteins Hand existiert. Was konnte ihn veranlassen, seine eigene Schmach zu verewigen? Wir stoßen hier überall auf Rätsel.

Wenn Rahel in ihrem Tagebuche sagt, sie sei Finckenstein in den langen zwölf Jahren der Trennung treu geblieben, so ist dies wohl nur in dem Sinne gemeint, dass sie bei seinem Anblicke sich neuerdings in seinem Banne fühlte. Seiner Gegenwart entrückt, war sie leidenschaftlichen Empfindungen für andere sehr wohl zugänglich. Jenes Jahr, nachdem sie mit Finckenstein für immer gebrochen hatte, lernte sie während eines längeren Aufenthaltes in Paris einen jungen hübschen Hamburger namens Bockelmann kennen; beide fassten für einander ein lebhaftes Interesse, das sich bald bis zur Zärtlichkeit steigerte. Der junge Mann weiß den Reiz dieses Geistes voll Originalität und Sprühkraft zu würdigen; Rahel, die vor nicht langer Zeit alle Qualen des Verschmähtwerdens empfunden hatte, ist um so empfänglicher für die ihr entgegengebrachte Huldigung, aber das Verlangen, einander dauernd anzugehören, scheint sich in keinem von beiden geregt zu haben. Nirgends gibt der Gedanke an eine Vereinigung in künftigen Tagen, seien diese auch ferne, dem Verhältnisse einen ernsteren Hintergrund. Es ist und bleibt eine flüchtige Begegnung wie die zweier Reisenden, die, vom Zufall zusammengeführt, sympathisch zueinander hingezogen, einen Teil der Fahrt in heiterem, genussreichen Verkehr verbringen und sich da, wo ihre Wege auseinander gehen, Lebewohl sagen, um allein weiterzuwandern. Sie haben eben andere Zielpunkte. Höchstens, dass die für eine kurze Zeit Zusammengesellten sich aus der Ferne noch eine Zeit lang Grüße senden, bis auch dieser Nachhall trauter Stunden verklingt und die Dämmerung schattenhaft zerfließt. So geschah es hier. Nur wenige Wochen währte das Glück – sie selber gebraucht dieses Wort –, das Rahel im Umgange mit Bockelmann fand, dann riefen ihn zwingende Notwendigkeiten nach Cadix. Rahel schreibt ihm oft und ausführlich. Sie hegt die innigste Teilnahme für den jungen Freund und empfindet die Trennung von ihm als Schmerz. Da sie jedoch vom ersten Tage ihrer Bekanntschaft an wusste, dass ihnen verschiedene Lebenswege angewiesen waren, da hier von keinem Unrechte, keinem Treubruche die Rede sein konnte, so war diesem Schmerze keine Bitterkeit, kein Zorn beigemischt. Gefasst fügte sich Rahel in ihr Los und bewahrte sich den freien Blick, die lebendige Empfänglichkeit für alle Erscheinungen des Lebens. Sehr interessant sind in diesem Teile des Buches die nur flüchtig skizzierten und dennoch höchst lebendigen Schilderungen, die Rahel auf einer Reise durch Holland von diesem Lande entwirft. Es kommt ihr vor »wie eine Herrenhuterei; schön propre zum Bewundern und zum Todängstigen. Hat man eine Stadt, ein Dorf gesehen, so kennt man alle: Denn Amsterdam selbst ist nichts als viele Herrenhutereien zusammengerückt, ebenso rein, so still, so tot, die Handel treibende, berühmte Stadt.«

Noch weniger ist sie bei der Rückkehr nach Berlin von den dortigen Zuständen erbaut; Verfassung, Theater, Klima, alles erregt ihren Widerwillen. Sie fühlt sich da am wenigsten zu Hause, wo sie zu Hause ist; sie kennt nichts Glücklicheres, als im rechten Lande geboren zu sein, nichts Unglücklicheres als das Gegenteil. An diese Klagen knüpfen sich Projekte eines Wiedersehens in Paris, die sich jedoch nicht verwirklichen sollten. Ungefähr ein Jahr lang währte diese Korrespondenz, dann kehrte Bockelmann auf einige Zeit nach Deutschland zurück und besucht seine Freundin in Berlin. Nur noch zwei Briefe folgen nach dieser Begegnung; dann scheint jeder Verkehr zwischen ihnen plötzlich abgebrochen. So viel ich mich erinnern kann, wird auch in Rahels Briefen und Tagebüchern aus späterer Zeit des einst so zärtlich geliebten Freundes nicht wieder gedacht. Das ganze Verhältnis gleicht einer jener schwimmenden Inseln in südlichen Meeren, die, in reichem Blumenschmuck prangend, eine Weile auf der Wasserfläche umhertreiben und dann verschwinden, als wären sie nie gewesen.

In diesem Abschnitte ist es Rahel, die allein das Wort führt; die Briefe Bockelmanns fehlen. Er war vorsichtig genug, sie nach Rahels Tod von Varnhagen zurückzuverlangen. Menschen von zarter und keuscher Empfindung scheuen die Publizität, wenn es sich um ihre Herzensangelegenheiten handelt, es wäre denn, dass eine künstlerische Form diese verklärte und das rein Persönliche von ihnen ausschiede. Man wird wohl kaum irren, wenn man Rahels plötzliches Verstummen Bockelmann gegenüber in Zusammenhang mit der Leidenschaft bringt, in der sie eben jetzt für einen spanischen Diplomaten, Don Raphael Urquijo, entbrannt war. Es ist schwer, ja unmöglich, sich von dem Verhältnisse dieser beiden eine deutliche Vorstellung zu machen, denn der weitaus größere Teil dieser Korrespondenz ging verloren und die Briefe, die erhalten blieben, sind nicht genügend, uns über den ferneren Verlauf der Dinge aufzuklären. Sie stammen aus der ersten Zeit dieser Verbindung und zeigen uns Rahel von einer Liebesraserei ergriffen, gegen die der kühle Ton des mit so maßloser Zärtlichkeit Überhäuften besonders absticht. Varnhagen erzählt in seinen Aufzeichnungen, Urquijo habe Rahel leidenschaftlich geliebt, sie aber durch törichte unbegründete Eifersucht sehr unglücklich gemacht, bis sie, aufs Äußerste getrieben, sich endlich von ihm losriss. Wir müssen der Angabe eines so gut unterrichteten Gewährsmannes Glauben schenken, wenn sich auch in den hier mitgeteilten Briefen Urquijos nicht ein Wort vorfindet, das zu ihrer Bestätigung dienen könnte. Nirgends begegnet man in ihnen dem Ausdruck einer tiefen, starken Empfindung. Um so überschwänglicher sind die Dithyramben,[1] die Rahel anstimmt. All ihr früheres Leben, Lieben und Leiden ist vergessen, ihr ganzes Sinnen, Fühlen, Trachten in dem Geliebten aufgegangen. Wie wenig dieses neue Ideal solche Anbetung verdiente, können wir aus Rahels späteren Mitteilungen an andere ersehen. Urquijo behandelte sie aufs Grausamste, warf ihr erbarmungslos ihre Vergangenheit vor, erklärte ihr unumwunden: »Je vous aime mais je ne vous estime pas« und dennoch konnte die Betörte nicht von ihm lassen. Von

1 Dithyrambus: kultisches Weihelied auf Dionysos; begeisternde Würdigung

dem Tone, den er sich ihr gegenüber für erlaubt hielt, mag die Szene einen Begriff geben, die Rahel in einem Briefe an Varnhagen erzählt. Sie schreibt: »So sollst du auch denken, dass ein Tag, von dem ich dir schon sprach, ich mit Urquijo im Tiergarten von der Bleiche aus ging und ich eine schöne fremde Dame in einem Wagen in der Nähe sehen wollte, er, ohne dass ich erraten konnte warum, ganz wütend und zusammenhangslos geworden war, er mir sehr Hartes sagte, ich nur seufzte: ›Dieu! Dieu!‹ und er hinzufügte: ›Que veux-tu? Finckenstein t'a traitée comme cela, cela ne doit pas être nouveau pour toi.‹ – ›Dieu!‹, sagte ich, beinahe nicht zu ihm, im tiefen Walde, gegen das Wasser, bei der Abendsonne, ›si cela etait dit dans une tragédie, tout un parterre frémirait, ou fondrait en larmes‹. – ›Eh bien!›, sagte er, ›c'est vrai, cela même devrait te détacher de moi; cela devrait te prouver que nous ne pouvons pas vivre ensemble.‹« Man weiß nicht, worüber man mehr staunen soll, ob über die Brutalität, die solche Worte eingibt, oder über die Unterwürfigkeit, die angesichts so tödlicher Beleidigungen nur Seufzer hat. Zwei Jahre währte dies unglückliche Verhältnis; wer den entscheidenden Anstoß zu seiner Lösung gab, ersehen wir nicht. Urquijo blieb noch lange Zeit in der preußischen Residenz, kam aber nur selten mit Rahel zusammen. Im Jahre 1812 treffen sich beide in Prag. Urquijo sagt ihr, dass er sie in Berlin aufgesucht habe; von seiner Rohheit angesteckt, erwidert sie: »Oui, parceque vous étiez dans le malheur.« Später kehrte Urquijo in seine Heimat zurück und entschwand Rahels Augen für immer. Varnhagen sagt uns, dass sie den Schmerz, den diese Leidenschaft ihr bereitete, nie verwunden habe. Da kann man denn abermals die Frage nicht unterdrükken: Was war es, das sie an diesen Urquijo kettete, sie seine verrückten Launen ertragen ließ und ihr Herz wie mit ehernen Klammern festhielt? Seine geistige Bedeutung konnte es wahrlich nicht sein, ebenso wenig der Adel seines Gemütes. Wie voreinst bei Finckenstein war es wieder nur der Zauber der Persönlichkeit, dem sie sich willenlos gefangen gab.

....

Sie war viel zu scharfsichtig, um sich über den inneren Gehalt eines Menschen zu täuschen, aber sie tat ihrem besseren Ich Gewalt an, um einem dunklen Triebe und Zuge sklavisch zu folgen. Da gab es freilich kein anderes Ende als Verzweiflung. Gründlich hat Rahel diese durchgekostet, für den verhängnisvollen Irrtum ihres Lebens schwer gebüßt. Dieser Irrtum war, den Reiz, den ein Mensch für sie hatte, höher anzuschlagen als dessen Charaktereigenschaften. Nicht nur in der Liebe, auch in der Freundschaft ist Rahel Verbindungen eingegangen, die ihrer unwürdig waren. Ist es ein Wunder, wenn sie bei solcher Lebensführung fortwährend Ursache hat, über Kränkungen und Misshandlungen zu klagen? Man erniedrigt sich nicht ungestraft; die Frevel, die man an sich selbst begeht, rächen sich am bittersten. Rahel wollte um jeden Preis amüsiert oder emotioniert sein; geschah dies, so ging sie über alle sittlichen Bedenken gleichgültig hinweg. Nicht ihr allein ist dies als Schuld anzurechnen. Sie war eben ein Kind ihrer Zeit, in der – namentlich in den tonangebenden Kreisen Berlins – der Kultus einer frivolen Genialität und ihres souveränen bon plaisir jeden anderen verdrängt hatte, bis endlich der ganze moralisch unterwühlte Staat bei Jena zusammenbrach.

Es wäre unstatthaft, an Bücher wie das vorliegende den Maßstab literarischer Kritik anzulegen; sie entziehen sich ihm, weil sie nicht Kunstwerke, sondern unmittelbare, nicht für die Öffentlichkeit bestimmte Herzensergüsse sind. Varnhagen selber meint in seinen *Denkwürdigkeiten* in Bezug auf die verloren gegangenen Briefe an Urquijo: »Es scheint, als solle dergleichen nicht zum literarischen Denkmale werden, sondern heimgehen mit den Personen, denen es unmittelbar angehörte.« Ein sehr richtiges Gefühl! Aber warum war er dann bemüht, diesen Lauf der Dinge, in dem er selbst den rechten ahnte, zu hindern? – Ich möchte wohl wissen, wo es außer Varnhagen noch einen Mann gegeben hat, der sich's angelegen sein ließ, die Liebesbriefe seiner Frau an andere für den Druck vorzubereiten.

Beilage zur Wiener Abendpost, Dezember 1877

Sand[1]
Briefe aus George Sands Jugendzeit

Nous sommes mobiles, et nous jugeons des êtres mobiles.
Sénac de Meilhan

Schwerlich hat es außerhalb des politischen Lebens noch eine Frau gegeben, die in gleichem Maße wie G. Sand der Gegenstand begeisterter Huldigungen und heftiger Angriffe gewesen wäre. In den Hymnus, den ihre Anhänger zu ihrem Preise anstimmten, mischte sich der nicht minder vollstimmige Chor ihrer Gegner. Ihr ungewöhnliches Talent blieb allerdings unbestritten, aber in Hinsicht auf den Gebrauch, den sie von demselben machte, standen die Meinungen einander schroff gegenüber. Den einen galt sie für die Verkünderin einer neuen Lehre, deren Endzweck war, Vorurteile, Missbräuche, Ungerechtigkeiten aller Art auszurotten und insoferne dem weiblichen Geschlecht zu einer würdigeren Stellung zu verhelfen; die anderen erblickten in ihren unleugbar von einem revolutionären Geist durchwehten Romanen eine Gefahr für die öffentliche Moral und den Pflichtbegriff, der das Leben der Einzelnen beherrschen muss, wenn die Gesamtheit gedeihen soll. Man war nicht übel geneigt, diese Bücher für Sturmvögel zu halten, die eine bevorstehende soziale Umwälzung von unermesslicher Tragweite in Aussicht stellten. Im Laufe der fünfzig Jahre, die seit dem Erscheinen von G. Sands erstem Roman verflossen sind, hat es sich gezeigt, dass sowohl die Hoffnungen der Anhänger wie die Befürchtungen der Gegner weit über Maß und Ziel hinausgingen. Die dauernde Wirkung der Schriften G. Sands steht mit dem ungeheuren Aufsehen, das sie bei ihrem Erscheinen erregten, in keinem Verhältnis. Der Blumenflor, der uns in unserer Ju-

1 George Sand 1804–1876

gend mit seiner Farbenglut entzückte, mit seinem Duft berauschte, ist im Laufe der Zeiten zu einem Herbarium geworden. Es ist dies das Schicksal aller Romane, die, statt die reale Welt zu schildern, nur den Aspirationen nach anderen Zuständen einen Ausdruck geben; darum sind auch G. Sands Dorfgeschichten vielleicht die Einzigen unter ihren Werken, denen ein erfreulicheres Los beschieden sein dürfte; in ihnen hat sie aus dem Born des wirklichen Lebens geschöpft. Der Name George Sand wird in der französischen Literatur niemals untergehen, allein die Zeit ist nicht ferne, in der nur der Literarhistoriker sich mit ihren Schriften beschäftigen wird. Auch Fräulein von Scudéry, Madame de la Fayette haben sich einen Namen gemacht, den noch heute, nach zweihundert Jahren, jeder literarisch Gebildete kennt, während doch niemand mehr ihre Werke liest. Schon zur Zeit, als G. Sands Ruhm auf dem Höhepunkt stand, prophezeite Doudan ihren Heldinnen ein frühzeitiges Alter; er hat sich darin nicht geirrt. Schon die jetzige Generation steht diesen Gestalten kühl und fremd gegenüber. Aber so scharf und sicher blickender Beurteiler gab es nicht viele. – Die Frage zu erörtern, warum es einem so großen, stark besaiteten Talent nicht gelang, Werke zu schaffen, die noch späte Nachgeschlechter ebenso hingerissen hätten wie die Zeitgenossen, diese Frage zu behandeln, würde viel zu weit führen und kann deshalb nicht der Zweck dieses Aufsatzes sein. Jedenfalls bleibt es eine unumstößliche Tatsache, dass G. Sands Romane bei ihrem Erscheinen vom Anfang bis zum Niedergang gelesen wurden und Anlass zu Kontroversen gaben, von deren Heftigkeit man sich heute kaum eine Vorstellung machen kann. Das Geschlecht der Verfasserin war schuld, dass diese Kämpfe auch noch auf ein anderes Gebiet verpflanzt wurden. Wäre ein Mann der Autor von *Indiana, Valentine, Jaques* gewesen, so hätte man sich damit begnügt, diese Romane als literarische Erscheinungen zu behandeln und sie, je nach dem Standpunkt des Kritikers, als solche anzupreisen oder zu befehden. Da sie aber von einer Frau, und zwar von einer jungen und schönen Frau, herrührten, konnte es nicht fehlen, dass man sich mit den persönlichen Verhältnissen der Dichterin eifrigst beschäftigte. Ihre schnell erlangte Berühmtheit machte sie zum Gegenstand allgemeiner, meistens übel wollender Aufmerksamkeit. Neugier und Klatschsucht verfolgten jeden ihrer Schritte und mochten sich bald an der Entdeckung ergötzen, dass die Lebensführung der viel genannten Frau keineswegs eine korrekte sei. Die böswilligsten Gerüchte, deren Grundlosigkeit jetzt als erwiesen betrachtet werden kann, wurden über G. Sand verbreitet und von der Menge geglaubt. In jedem neuen Roman, der von ihr erschien, wollte man, mittels gewaltsamer Deutungen, eine neue Phase ihres Herzenslebens erblicken. Man behauptete, genau unterscheiden zu können, ob sie, während sie denselben schrieb, unter dem Einfluss eines Künstlers, eines Theosophen oder eines Sozialdemokraten gestanden habe. Selbst Delphine von Girardin, die mit ihr auf freundschaftlichem Fuße stand, konnte die boshafte Bemerkung nicht unterdrücken, das bekannte Wort Buffons »Le style c'est l'homme« lasse sich auf keinen anderen Schriftsteller so richtig anwenden wie auf G. Sand. Die Dichterin gestand der Welt nicht das Recht zu, ihr Tun zu richten und verteidigte sich deshalb ihr gegenüber nicht. Nur wenn ihren Romanen eine unsittliche Tendenz zugeschrieben wurde, die sie ihrer Ansicht nach nicht hatten, wehrte sie sich mit aller Entschiedenheit dagegen! Rein literarische Kritik ließ sie sich mit großer Bescheidenheit und Urbanität gefallen, Verdächtigungen ihres Privatlebens zu widerlegen, widerstrebte ihrem Stolz. Um so größer war die Spannung, als zu Anfang der fünfziger Jahre ihre Memoiren unter dem Titel: *Histoire de ma vie* angekündigt wurden. Jetzt endlich hoffte man den ersehnten Aufschluss über so manches zu erlangen, was denn doch problematisch geblieben war, denn einer wissentlichen Lüge war, das wusste man, diese Frau nicht fähig. Die guten Leute vergaßen nur, dass zwischen Lüge und Wahrheit noch ein Drittes liegt: das Schweigen über Punkte, die man weder bloßlegen noch beschönigen will. In der Tat geht G. Sand in ihrer Selbstbiographie schweigend über manche Ereignisse und Verhältnisse hinweg, die tief in ihr Leben eingegriffen. Von vielen Seiten wurde ihr dies zum Vorwurf gemacht; ich denke im Gegenteil, dass sie hier von einer sehr richtigen Empfindung geleitet wurde. Abgesehen von allen anderen Rücksichten, sagte ihr schon ihr gebildeter Geschmack, dass es wenig so Widerwärtiges gibt, als eine alternde Frau von den Leidenschaften ihrer Jugend erzählen zu hören. Und man glaube doch nicht, dass G. Sand, selbst wenn es ihre Absicht gewesen wäre, uns die volle Wahrheit zu geben vermocht hätte. Wer kann sich die inneren Motive alle vergegenwärtigen, die vor Jahrzehnten die treibenden Kräfte seines Handelns waren? Wer ist im Stande, sich nach einem so langen Zeitraum in die Stimmungen zurückzuversetzen, unter deren Einfluss er dies oder jenes ihm jetzt unbegreiflich Scheinende tat? Deshalb ist den Autobiographien zu misstrauen, sofern sie sich nicht auf das Tatsächliche beschränken. In unserem Gefühlsleben bringt die mit den Jahren fortschreitende Reife zu große Veränderungen hervor, als dass wir gegen unsere Vergangenheit ganz gerecht sein, sie mit vollkommener Objektivität beurteilen könnten.

Wenn aber G. Sands Memoiren auch nicht die gehofften Enthüllungen brachten, so entschädigten sie dafür wenigstens den besseren Teil des Publikums durch Vorzüge, die ihnen eine höhere und edlere Bedeutung verleihen. Der Entwicklungsgang dieser so höchst merkwürdigen Natur ist darin mit voller Klarheit zu verfolgen, die Bilder der bedeutenden Menschen aus ihrem Umgangskreise, die sie uns vorführt, atmen und leben, die ganze Darstellung ist der großen Meisterin in der Kunst des Erzählens würdig. Der Wert dieser Memoiren ist sehr hoch anzuschlagen, doch hat man, während man sie liest, stets die Empfindung, dass die Verfasserin uns nicht mehr sagt, als sie eben sagen will. Wir lesen ein für den Druck bestimmtes Werk, nicht den Erguss einer Seele, die, ganz vom Augenblick erfüllt, an kein Publikum denkt. Selbstverständlich liegt dem großartigen Wesen dieser Frau alle Affektation, alles Bestreben, sich schön herauszustaffieren, unendlich fern, aber sie war, als sie ihre Lebensgeschichte schrieb, schon längst eine Berühmtheit, und eine solche kann sich kaum die Naivität und Unbefangenheit bewahren, in denen der Hauptreiz solcher, die eigene Person betreffenden Mitteilungen besteht.

Um so frischer und reizender entfalten sich jene liebenswürdigen Eigenschaften in der *Correspondance de George Sand* (1812 – 1876), von der vor kurzem der erste Band erschienen ist. Die Briefe, die er enthält, reichen vom Jahre 1812 bis zum Jahre 1836 und fallen daher größtenteils in eine Zeit, in welcher der Schreiberin nichts ferner lag, als der Gedanke, sich je gedruckt zu sehen. In diesen Briefen, die bis zum Jahre 1831 ausschließlich an Verwandte und an Personen ihres kleinen Bekanntenkreises gerichtet sind, spricht sich ein so zufriedener Sinn, eine so harmlose Heiterkeit aus, dass es den Anschein hat, als fühle sie sich im sicheren Hafen geborgen. Ein paar Ausflüge nach Paris und in ein Pyrenäenbad abgerechnet, lebt sie im Winter und Sommer auf dem ihr gehörigen Gute Nohant in der einstigen Provinz Berry. Ihre Tage sind mit häuslichen und landwirtschaftlichen Obliegenheiten ausgefüllt; ihr Herz findet in der überschwänglichen Liebe zu ihrem Erstgebornen, dem kleinen Maurice, sein volles Genüge. Neben ihm, vielleicht weniger leidenschaftlich geliebt, aber gewiss ebenso treu gepflegt, wächst das um fünf Jahre jüngere Töchterchen Solange heran. Denselben stark ausgeprägten Familiensinn bewährt sie auch ihrer Mutter gegenüber. Kein geistiges oder seelisches Band verknüpfte diese einander ganz ungleichen Frauen, allein das Gefühl, das Rahel Varnhagen sehr treffend »Fasernliebe« nennt, vertrat seine Stelle. Sie erzählt der Mutter von allen kleinen Vorkommnissen im Familien- und Bekanntenkreise und lässt auch die harmlosen Späße nicht unerwähnt, mittels welcher die Provinzbewohner eine Abwechslung in die Einförmigkeit ihres Daseins zu bringen suchen.

Von stofflichem Interesse können solche Briefe ihrer Natur nach nicht sein, um so wichtiger sind sie jedoch in psychologischer Beziehung. Sie zeigen uns G. Sand – damals noch Aurora Dudevant – von ihren häuslichen und mütterlichen Pflichten ganz erfüllt, ohne die leiseste Ahnung des in ihr schlummernden Dämons. Nirgends verrät sich eine Unzufriedenheit mit der Enge des ihr vorgezeichneten Wirkungskreises; von einem schriftstellerischen Drang ist keine Spur zu entdecken. Diese bis zum Jahre 1831 reichenden Jugendbriefe enthalten keine geistreichen Bemerkungen, keine tief gehenden Reflexionen, keine frappanten Wendungen; es geht daraus nur hervor, dass sie von einer Frau von sehr klarem Verstand und echter Herzenswärme herrühren. Die poetische Kraft, ihr eigentliches Lebenselement, war damals noch gleich einer Raupe in ihr eingesponnen.

Ihres Mannes erwähnt sie in diesen Briefen selten, meistens nur, wenn sie Grüße von ihm zu bestellen hat. Dass sie in keiner inneren Gemeinschaft mit ihm lebt, ist diesem Übergehen seiner Person leicht zu entnehmen, doch lässt sie, bis es zu der entscheidenden Krise kommt, keine Klage über ihn laut werden. Bis dahin wäre man geneigt, ihre Ehe für eine jener leidlichen zu halten, in denen die Liebe zu den Kindern und die Gemeinsamkeit aller äußeren Lebensinteressen die fehlende Liebe notdürftig ersetzt. Wäre dies hier wirklich der Fall gewesen, so hätte es wohl geschehen können, dass G. Sand sich ihres Genius nie bewusst geworden wäre. Baron Dudevant war jedoch zu beschränkten Geistes und von zu rohen Sitten, um das Seine zur Aufrechthaltung der bestehenden Verhältnisse zu tun; die ganze Last auf ihre Schultern zu nehmen, war seine Frau nicht gewillt. Eine gerichtliche Trennung hatte sie noch nicht im Sinne; sie wollte nur zeitweilig von dem schweren Druck ausruhen, unter dem sie sich erliegen fühlte. Wie vielfach sie im Rechte gewesen sein muss, beweist, dass ihr Mann nach kurzem Widerstand einwilligte, sie ziehen zu lassen. Nur der Gedanke an ihre Kinder erschwert ihr die Ausführung ihres Entschlusses. Die zweijährige Solange bedarf jedoch vorläufig nur physischer Pflege und für Maurice weiß sie auf anderem Wege Sorge zu tragen. Sie wendet sich an einen jungen Mann namens Boucoiran, der ihrem Söhnchen den ersten Unterricht erteilt hat, teilt ihm die Geschehnisse der letzten Zeit und ihr Vorhaben mit und bittet ihn, während ihrer Abwesenheit ihre Stelle bei Maurice einzunehmen. Von seiner Einwilligung macht sie ihre ferneren Schritte abhängig. Der Brief (vom Dezember 1830) ist zu bezeichnend für die Personen und die Verhältnisse, um hier nicht wenigstens stellenweise mitgeteilt zu werden. Sie schreibt:

»Jetzt liegt die Entscheidung in Ihrer Hand. Kaum fand ich den Mut, Ihnen meine Bitte vorzutragen, so sehr fürchte ich einen abschlägigen Bescheid. Versetzen Sie sich in meine Lage; wenn ich Sie in Rohant weiß, werde ich frei atmen können. Ich werde mein Kind in guten Händen wissen. Seine Erziehung wird einen gedeihlichen Fortgang nehmen, seine Gesundheit wird gehörig in Acht genommen werden, sein Charakter vor üblen Einflüssen bewahrt bleiben. Sie werden mir täglich Nachricht von ihm geben. Überlasse ich Maurice seinem Vater, so wird er heute verhätschelt, morgen geprügelt werden. Man wird ihm Krankheiten andichten, um mir das Herz schwer zu machen und mich auf diese Weise zur Rückkehr zu zwingen. Wenn dieses das Los meines Sohnes sein soll, würde ich lieber das meine, wie hart es auch ist, noch ferner ertragen, um nur bei ihm zu bleiben und ihn vor der Brutalität seines Vaters zu schützen.«

Boucoiran widersteht diesen dringenden Bitten nicht. Bald nach dem Eintreffen seiner Antwort verlässt sie Rohant mit der Absicht, nach einigen Monaten für einen bestimmten Zeitraum dahin zurückzukehren.

....

Schon im Jänner 1831 finden wir sie in Paris an der Pforte eines neuen Lebens und bald in engen Beziehungen zu ihrem Heimatsgenossen Jules Sandeau, den sie schon von früher her kannte. Aller Wahrscheinlichkeit nach war er es, der, selbst Schriftsteller, sie zuerst beredete, die Feder zu ergreifen. Pekuniäre Rücksichten bewogen sie, seinen Rat zu befolgen. Von innerem Drang und Trieb, die sich allerdings bald einstellten, ist fürs Erste nicht die Rede; vorläufig hat sie nur einen bescheidenen Erwerb im Sinne. Wie fremd diesem großen Talent die aufgeblasene Zuversicht der meisten Anfänger war, wie wenig es diese Frau, deren Name bald in ganz Europa widerhallen sollte, nach Ruhm gelüstete, geht aus einem ihrer Briefe an Boucoiran deutlich hervor. Sie beantwortet seine Warnung vor den Widerwärtigkeiten, denen sie auf der literarischen Laufbahn begegnen werde, folgendermaßen:
»Ich meine, es wird damit nicht so arg sein. Sie müssen sich nur die Gründe, die mich bestimmen und den Zweck, den ich im Auge habe, recht klar machen. Mein Mann hat mir eine Jahresrente von dreitausend Francs ausgesetzt. Das ist wenig für mich, der das Geben eine Freude und das Rechnen ein Gräuel ist. Meine Absicht ist daher einzig und allein, meine materielle Lage durch einen kleinen Erwerb zu verbessern. Da ich nicht entfernt den Ehrgeiz habe, mir einen Namen zu machen, so werde ich niemands Hass und Neid erregen. Wenn Sie mir sagen, dass der Ruhm mir nur eine neue Quelle des Kummers sein werde, so kann ich mich des Lachens nicht erwehren. Dieser Ausspruch, wie alle ähnlichen Gemeinplätze, findet nur auf das Genie und die Eitelkeit eine richtige Anwendung; ich aber besitze kein Genie und bin nicht eitel. Deshalb darf ich mit gutem Grund hoffen, von den Widerwärtigkeiten verschont zu bleiben, die man mir als unvermeidlich schildert.«
Die angehende Schriftstellerin übersah dabei nur den wesentlichen Umstand, dass man, um Geld zu verdienen, sich erst einen Namen gemacht haben muss.

Die ersten Anfänge G. Sands waren um nichts leichter als die der meisten Debütanten in der Literatur. Man wusste nichts von ihr, und Jules Sandeau, mit dem sie gemeinschaftlich arbeitete, war ebenso unbekannt. Sie wurde von den Redaktionen, an die sie sich wendete, mit Versprechungen und Vertröstungen abgespeist. Glücklicherweise hatte sie aus ihrer Provinz ein Empfehlungsschreiben an den Herausgeber des *Figaro*, H. de Latouche, mitgebracht. Der Empfang, den sie bei diesem fand, war zwar nicht viel verheißend – er nannte ihre Versuche reizend und bedauerte nur, dass sie ganz ohne Sinn und Verstand seien – doch immerhin willigte er ein, sie bei seinem Blatt zu beschäftigen. Kaum fühlt sie festen Boden unter ihren Füßen, so wird auch ihr eigentlicher Beruf ihr klar. Sie schreibt darüber:
»Fester als je bin ich entschlossen, die literarische Laufbahn zu verfolgen. Trotz der Schwierigkeiten, mit denen ich zu kämpfen habe; trotz der Anfälle von Trägheit und Entmutigung, die mich manchmal heimsuchen; trotz der über alles Maß bescheidenen Lebensweise, zu der ich mich bequemen muss, fühle ich, dass ich nur auf diesem Wege Befriedigung finden kann. Die Schriftstellerei wird gar halb zur Leidenschaft; hat sie sich einmal eines Gehirns bemächtigt, so gibt sie es nicht mehr frei.« Sie erwähnt der Versuche, die sie auch bei anderen Journalen gemacht hat, und meint, irgendwo werde es doch glücken. Dann fährt sie fort: »Inzwischen aber muss für den Lebensunterhalt gesorgt werden. Aus diesem Grunde habe ich mich zu dem scheußlichsten Handwerk entschlossen: Ich schreibe Artikel für den *Figaro*, der mit sieben Francs per Spalte zahlt. Das ist nicht viel, doch reicht es für meinen Bedarf hin, ja ich kann sogar hie und da das Theater besuchen, natürlich nur, wenn ich den gewissen Rat befolge, den Sie mir einmal gaben.« Höchstwahrscheinlich war es der Rat, Männerkleider zu tragen. Auch in ihrer Autobiographie sagt George Sand, dass ökonomische Rücksichten sie dazu bewogen haben.

Wir sehen die Dichterin nun in angestrengter Tätigkeit begriffen. Von 9 Uhr morgens bis 5 Uhr abends ist sie im Redaktionsbureau des *Figaro* beschäftigt, in den wenigen freien Stunden, die ihr bleiben, arbeitet sie an dem Roman, der ihren Ruhm begründen sollte. Daneben schreibt sie oft und in Ausdrücken rührender Zärtlichkeit an den kleinen Maurice und unterhält eine rege Korrespondenz mit ihren Freunden in der Provinz. Schon im Frühling 1831 kehrt sie nach Rohant zurück, von Sehnsucht nach ihren Kindern getrieben. Doch ist ihres Bleibens nicht lange. Literarische Angelegenheiten führen sie im Laufe des Jahres nach Paris zurück. Im Dezember kommt ihr Roman *Indiana* in die Hände des Verlegers. Wenn man nicht bereits wüsste, welchen glänzenden Erfolg dieses Werk hatte, welche große Bewegung es hervorrief, aus den hier mitgeteilten Briefen würde man es kaum ahnen können, so wenig erwähnt G. Sand des errungenen Sieges. Bald darauf veröffentlich sie einen zweiten Roman: *Valentine*, der eine nicht minder günstige Aufnahme findet. Von nun an ist ihr eine hervorragende literarische Stellung gesichert. Die einflussreichsten Kritiker, darunter Planche und Sainte-Beuve, verkünden ihr Lob, das Publikum will nur ihre Bücher lesen, und selbst der ihr an realistischer Wahrheit und psychologischer Vertiefung entschieden überlegene Balzac wird durch sie in den Schatten gestellt. Doch alle diese Triumphe können ihr Gemüt nicht aus dem Gleichgewicht bringen; sie bewahrt ihren Freunden gegenüber die frühere Einfachheit und Teilnahme, ihre Kinder, die sie so häufig, als sie kann, besucht, bleiben ihr nach wie vor das Wichtigste. Die mütterliche Empfindung war, wie es scheint, der stärkste, unwandelbarste Zug in G. Sands ganzem Wesen. Wenn sie sich der Erfolge freute, die sie ihrem Talent verdankte, so war es aus anderen als aus Gründen der Eitelkeit; sie sah in jenen vornehmlich Mittel, sich die Freiheit zu sichern, deren sie bedurfte, um das Schicksal der Ihren nach ihrer Einsicht zu lenken.

So kam das Jahr 1833 heran; es war das bewegteste, verhängnisvollste in G. Sands Leben und noch lange nachher machten sich seine Nachwirkungen fühlbar. Das Verhältnis, in dem sie seit zwei Jahren mit Sandeau stand, löste sich, man weiß nicht aus welchen Ursachen. Dass die Dichterin diesen Bruch tief empfand, geht aus einem Schreiben an ihren Jugendfreund Rollinant hervor. Ich entnehme demselben ein paar Stellen:

»Mir ist, als hätte ich seit meinem letzten Briefe an dich Jahrhunderte durchlebt – jedenfalls bin ich durch alle Qualen der Hölle gegangen. Im weltlichen Sinne habe ich mich nicht zu beklagen. Äußerlich ist meine Stellung unangefochten, unabhängig, günstig. Ich sollte mich dessen freuen und vermag es nicht. Mein Herz ist um zwanzig Jahre gealtert, das Leben hat keinen Reiz mehr für mich. Mit Leidenschaft und Glück ists zu Ende – das Kap ist umsegelt.«

In dieser Stimmung schrieb sie ihre *Lélia*. Sie wollte darin ihren eigenen Gemütszustand schildern, den Gemütszustand eines Weibes, in dem die Fähigkeit zu glauben und zu lieben erstorben ist. Wie sehr sich die Dichterin darin über sich selbst täuschte, erfahren wir zwar nicht aus der vorliegenden Sammlung, die gerade in Bezug auf die in Rede stehende Periode sehr lückenhaft ist, wohl aber aus Sainte-Beuves *Portraits contemporains*. Es ist geradezu unbegreiflich, weshalb der Herausgeber der *Correspondance de G. Sand* die in jenen mitgeteilten sehr wichtigen Briefe an Sainte-Beuve einfach wegließ. Es handelte sich hier vor allem darum, das Bild eines Seelenlebens herzustellen; dieser Zweck wird nun durch eine solche unbefugte Ausscheidung wesentlich beeinträchtigt.

Auf Grund der an Sainte-Beuve gerichteten Briefe sehen wir G. Sand, kaum dass ihre skeptische *Lélia* erschienen war, eine Leidenschaft fassen, wie sie ein bis dahin unberührt gebliebenes Gemüt nicht tiefer, nicht glühender empfinden kann. Das kurze Glück wie das traurige Ende dieses Liebesbundes sind bekannt. G. Sand und A. de Musset waren, wenn auch gleich geniale, doch zu wesentlich verschiedene Naturen, als dass es ihnen möglich gewesen wäre, ineinander aufzugehen. Auf die beiden passen Grillparzers Worte:

Im Blutumfassen stürzten wir zusammen,
Ein jeder Schlag gab Funken und gab Licht;
Doch unzerstörbar fanden uns die Flammen,
Wir glühten, aber ach! wir schmolzen nicht.

Ich kehre von dieser notwendigen Abschweifung zu der in Rede stehenden Briefsammlung zurück.

Wie viele Frauen gibt es, die nach solchen Erschütterungen und Enttäuschungen sich nicht hoffnungslos gebrochen fühlen würden? Die widerstandskräftige und elastische Natur G. Sands wurde davon nur für eine Weile gebeugt. Wohl sagt sie in einem hier nicht mitgeteilten Brief an Sainte-Beuve, sie sei sterbensmüde und sterbenstraurig, aber ihre unverwüstliche Kraft ließ sie diese Krisis überstehen. Bald nach ihrer Rückkehr aus Italien, wo sie sich schon früher von Musset getrennt hat, sehen wir sie den gewohnten Gang des Lebens wieder aufnehmen. Es ist keine Frage, dass die schriftstellerische Tätigkeit, der sie sich jetzt eifriger als je hingab, wesentlich dazu beitrug, sie ihre persönlichen Schicksale minder lebhaft empfinden zu lassen. Wenn aber auch in ihr die Phantasie vor allem reger war, so lässt sich von ihr doch nicht behaupten, sie habe sich den Anforderungen des realen Lebens entzogen. Wir wissen, dass sie und Baron Dudevant sich schon vor Jahren infolge eines gegenseitigen Übereinkommens getrennt hatten. Seitdem war in den Verhältnissen eine Wendung eingetreten, die es G. Sand als notwendig erscheinen ließ, um eine gerichtliche Trennung anzusuchen. Ihr Mann widersetzte sich derselben; so kam es zu einem Prozess, den sie schließlich gewann. Auch die Kinder wurden ihr zugesprochen.

Bis dahin sind ihre Briefe fast ausschließlich an Personen gerichtet, die nur in ihrem engen Lebenskreise bekannt waren. G. Sands zunehmende Berühmtheit verschaffte ihr aber bald auch Freunde von Namen und Ansehen. Zu ihren Korrespondenten zählen nunmehr verschiedene durch Talent oder soziale Stellung ausgezeichnete Persönlichkeiten, wie Franz Liszt, Gräfin d'Agoult, Guéroult, Pelletan. Meiner Empfindung nach sind die Briefe an Gräfin d'Agoult (Daniel Stern) die einzigen in der ganzen Sammlung, die das Gepräge der Gemachtheit, der künstlichen Exaltation tragen; sie scheinen weniger der Adressatin als dem großen Künstler zuliebe geschrieben worden zu sein, der damals in intimen Beziehungen mit jener Dame lebte. In enthusiastischen Ausdrücken preist G. Sand diesen Liebesbund, von dem sie Glück und Heil erhofft. Wusste sie denn nicht aus eigener Erfahrung, dass dauernde Befriedigung nicht auf solchem Wege zu erlangen ist? Hatte die Theorie von der Femme libre, die, eben weil sie eine Theorie war, sie auch als Dichterin vielfach schädigte, ihren Blick dermaßen umnebelt, dass sie die wirkliche Welt von der nur in ihrer Phantasie existierenden nicht mehr zu unterscheiden vermochte? In Wahrheit nahm jenes Verhältnis ganz den Verlauf, den jeder Unbefangene ihm hätte vorhersagen können. Nach einem kurzen Wonnetaumel machten sich die Liebenden gegenseitig das Leben zur Hölle; endlich schieden sie in Hass und Bitterkeit voneinander. Bald darauf veröffentlichte Daniel Stern ihren Roman *Relida*, in dem sie den Charakter des einst vergötterten aufs Heftigste angreift und sich natürlich als sein Opfer hinstellt.

Dies ist im Wesentlichen der Inhalt des ersten Bandes von George Sands Briefwechsel. Dass in der vorliegenden Sammlung manche Lücken aufklaffen, habe ich bereits erwähnt und zugleich getrachtet, dieselben nach Möglichkeit auszufüllen, damit das Ganze an Verständlichkeit gewinne. Jedenfalls ist das in diesem Buche Mitgeteilte interessant und bedeutend genug, um die folgenden Bände mit Spannung erwarten zu lassen.

PRESSE NR. 179, JAHRGANG 1882

Der Positivismus

Es gibt ein Reich, fremd unserm Erdenstaube,
Das sich dem schärfsten Forscherblick entzieht.
Besitz davon ergriff voreinst der Glaube
Und triumphierte: Dies ist mein Gebiet!
Verscheucht hat ihn aus jenen dunkeln Räumen
Die neue Zeit mit grellem Fackelschein;
Sie sprach: Lasst ab vom Ahnen und vom Träumen!
Das klar Bewies'ne gilt allein! –

Ein Sieg war's, der den Sieger selbst vernichtet!
Denn seit der Mensch, mit sich im Widerspruch,
Auf eine ideale Welt verzichtet,
Empfindet er des Daseins ganzen Fluch!
Mag unbestreitbar Satz an Satz sich schlingen,
Ach, kein Genügen schöpft daraus der Geist,
Der, sehnsuchtsbang, mit halbgelähmten Schwingen
Noch das verpönte Reich umkreist!

Louise Ackermann,
übersetzt von Betty Paoli *in* Gedichte, *S 239*

Louise Ackermann[1]

Der deutsche Chauvinismus neuesten Datums will in der Aufmerksamkeit, womit der gebildete Deutsche die literarischen Erscheinungen des Auslands verfolgt, an der Erschlossenheit seines Sinnes für fremde Eigenart ein am Vaterland begangenes Unrecht, einen Fehler erblicken, der uns noch aus alten bösen Zeiten her anhaftet. Ganz im Gegenteil scheint mir dieses Aneignungsvermögen, dieses Interesse an jeder geistigen Bewegung ein Vorzug, ohne den das deutsche Volk nie den hohen freien Standpunkt erreicht hätte, den es einnimmt. Man wende nicht dagegen ein, dass die Bekanntschaft mit dem Fremden leicht zur Nachahmung desselben verleite; für selbständige Talente hat es damit keine Gefahr. Keiner, der auf eigenen Füßen gehen kann, wird nach einem Gängelband verlangen. Die Halb- und Vierteltalente aber werden immer irgendeinem Einfluss untertan sein; welchem, ist am Ende ziemlich gleichgültig, da eine starke nachhaltige Wirkung ihnen ja doch versagt bleibt. Die Originalität ist eine dem Geist eingeborene Eigenschaft; er kann sich ihrer nicht entschlagen, selbst wenn er wollte. In dem unseligsten Jahrhundert der deutschen Geschichte, zur Zeit da die gräulichste Verwilderung der Gemüter wie der Zustände die letzte Regung nationalen Bewusstseins erstickt zu haben schien, schrieb Paul Felming, der Vielgewanderte, seine ganz vom Odem der Heimat erfüllten Gedichte, schrieb Angelus Silesius seine wunderbaren Sprüche, die uns germanisches Geistes- und Gemütsleben bis zu dem fernen indischen Urquell hinauf verfolgen lassen. Hundert Jahre später, als dem Franzosentum die ausschließliche Herrschaft in Kunst und Literatur gesichert schien, veröffentlichte Gellert seine Fabeln, die in ihrer treuherzigen Gesinnung, ihrem schalkhaf-

1 Louise Ackermann 1813–1890

ten Humor und dem dahinter sich verbergenden sittlichen Ernst von so deutschem Gepräge sind als nur möglich. Soll ich den Beweis noch weiter führen? Ich halte es wahrlich für überflüssig, daran zu erinnern, dass aller literarische Glanz Frankreichs, die ganze Suprematie, die es in künstlerischen Dingen an sich gerissen hatte, das Entstehen einer vollkommen originellen Literatur in Deutschland nicht verhindern konnte. Wenn wir in so entarteten, angefaulten Zuständen, wie die damaligen waren, unsere Eigentümlichkeit, den Kern unseres Wesens, unversehrt zu bewahren vermochten, so steht jetzt unter so ungleich günstigeren Verhältnissen in der Tat nicht zu besorgen, dass die Kenntnis des Fremden uns zum Abfall von den heimischen Göttern verführen dürfte. Der patriotische Übereifer möge sich damit beruhigen; es wird ihm doch nie gelingen, den kosmopolitischen Zug des deutschen Geistes hinwegzutilgen. Wir werden nie vergessen, dass es der erhabenste Genius unserer Nation war, der sich mit dem Gedanken einer Weltliteratur trug. Inzwischen wollen wir, seinem Beispiel folgend, alles willkommen heißen, was zur Ergänzung, zur Bereicherung unseres eigenen Wesens dienen kann. Im Großen und Ganzen wird es auch wirklich so gehalten, und schwerlich dürfte die Riesenmauer, die das Deutschtum von dem großen geistigen Weltverkehr abschließen soll, so bald fertig werden. Wenn, wie vor kurzem an ebendieser Stelle sehr richtig bemerkt wurde, die englische Literatur sich in Deutschland augenblicklich einer größeren Verbreitung und Beliebtheit erfreut als die französische, so ist der Grund davon meines Erachtens weniger in nationalen Antipathien, als darin zu suchen, dass in Frankreich seit geraumer Zeit keine belletristischen Werke ersten Ranges entstanden sind. Die Schriftsteller, die durch eine lange Reihe von Jahren die Aufmerksamkeit von ganz Europa zu fesseln wussten, sind entweder dahingeschieden oder, vom Hauche des Alters gelähmt, nur noch der Schatten dessen, was sie waren. Keine ebenbürtigen Nachfolger sind an ihre

Stelle getreten. Wo ist unter den jetzt lebenden französischen Romanciers und Novellisten einer, der an die Genialität der Sand in den Tagen ihrer Kraft, an Merimées Gedankenfülle und Formvollendung, an Balzacs Meisterschaft in der Lösung psychologischer Probleme hinanreichte? Nicht als wenn die Talente in Frankreich plötzlich ausgestorben wären; es gibt deren noch immer viele und darunter sehr bedeutende, nur keines von so siegreicher Überlegenheit, dass alle Knie sich vor ihm beugen müssten. Da ist es denn wohl natürlich, dass man diesen minderen Sternen nicht die gleiche Aufmerksamkeit zollt wie einst ihren um so vieles glänzenderen Vorgängern. Auf dem dramatischen Gebiet ist der Abstand gegen früher nicht so groß. Nach wie vor werden in Frankreich Stücke geschrieben, die, wenn auch keine Kunstwerke im hohen Sinne des Wortes, durch sprühenden Geist, sichere Welt- und Lebenskenntnis und eine oft bewundernswerte Geschicklichkeit der Mache allerwärts volle Wirkung erzielen. Es dürfte den deutschen Theater-Direktionen schwer fallen, sie auszuschließen, denn unleugbar ist unsere heimische Produktion in diesem Fache nicht ergiebig genug. In Deutschland ist der echte Dramatiker eine überaus seltene Erscheinung; manchmal allerdings taucht sie in strahlender Herrlichkeit auf, aber in bescheidener Gestalt, dafür in größerer Anzahl, will sie bei uns nicht vorkommen. Dem Deutschen, wenn er nicht nebenbei ein Genie ist, fehlt das dramatische Naturell; die Unzahl unserer Buchdramen bezeugt es nur zu deutlich. Wir sind den Franzosen in so vielen anderen Punkten überlegen, dass wir ihnen den Ruhm, größeres dramatisches Geschick zu besitzen als wir, wohl gönnen mögen.

Wenn aber der französische Roman und das französische Drama bei uns immer nach Verdienst, und nicht selten darüber hinaus, gewürdigt wurden, so hatte sich hingegen die französische Lyrik nicht gleicher Gunst zu erfreuen; – aus verschiedensten Gründen, unter denen der, dass die Lyrik ihrer Natur nach, selbst wo sie in heimischen Lauten

spricht, nie auf ein zahlreiches Publikum hoffen darf, obenan steht. Ihr ist es nicht gegeben, die Menge zu fesseln. Sie kann erfreuen, erschüttern, erheben, aber unterhalten kann sie nicht und deshalb auch dem großen Publikum, das eben nur unterhalten sein will, keine Befriedigung bieten. In der Tat geht es ihr möglichst aus dem Wege. Die anders empfindende Minderzahl hatte aber wenig Grund, sich um die Lyrik des Auslands zu kümmern, da gerade auf dem lyrischen Gebiete der deutsche Geist und das deutsche Gemüt das Höchste und Vollendetste geschaffen haben. Ein wesentliches und unverlöschliches Merkmal unterscheidet namentlich die französische von der deutschen Lyrik: Es ist ihr verschiedener Ursprung. Diese ist aus dem Volksliede hervorgegangen und, wo sie echt ist, schlicht, unmittelbar wie dieses, während jene, der Kunstpoesie entsprossen, die Traditionen derselben allzu getreu bewahrt hat. Schon darum kann kein französischer Lyriker uns hier gleichkommen. Statt sich mit diesem Bewusstsein zu begnügen, ging man jedoch so weit, der französischen Nation überhaupt alles Talent für den poetischen Ausdruck der Empfindung abzusprechen. Eine genauere Kenntnisnahme hätte zur Überzeugung führen müssen, dass es auch in Frankreich Dichter gab und gibt, die volle und reine Herzenstöne anzuschlagen wissen. Von Malherbes Zeiten bis zur Gegenwart ließen sich sehr viele Beweise dafür vorbringen. Ich beschränke mich darauf, hier auf einen der neuesten, Louise Akkermanns *Poésies philosophiques*, hinzuweisen.
Philosophische Gedichte? wird vielleicht mancher meiner Leser mit bedenklichem Kopfschütteln fragen. Was haben denn Philosophie und Poesie miteinander zu schaffen? – Je nun, ich meine, sie stehen in ebenso untrennbarem Zusammenhang wie Geist und Gemüt. Jede neue Erkenntnis, zu der wir gelangen, übt einen modifizierenden Einfluss auf unsere Empfindungsweise aus. Das war zu allen Zeiten so, in unseren Tagen tritt dieser Einfluss aber noch schärfer hervor, weil die Gedankenwelt in einer Umwandlung be-

griffen ist, die sich mit Sturmeswehen auch auf die Welt der Gefühle überträgt. Wir stehen an einem verhängnisvollen Wendepunkt; wir wissen zu viel, um glauben, zu wenig, um des Glaubens entraten zu können. An die Entdeckungen auf dem Gebiete der Naturwissenschaften knüpfen sich Ideenreihen, die uns unser Dasein und unser Verhältnis zum Universum in einem vollkommen veränderten Licht erscheinen lassen. Schlüsse, die mit unseren früheren Anschauungen in grellem Widerspruch stehen, drängen sich uns auf; es entstehen Fragen, die sich nicht minder als an unseren Intellekt an unsere dunkel wogenden Instinkte wenden, Fragen über Leben und Tod im strengsten Sinne des Wortes. Oder ist Darwins Lehre etwa bloß Sache der Wissenschaft? Kann man sie für wahr halten und zugleich die trostvolle Zuversicht bewahren, welche der Gedanke an eine gerecht waltende Vorsehung früheren Geschlechtern einflößte? Ein furchtbarer Zwiespalt erhebt sich in den Gemütern der Menschen. Die einen meinen ihn zu lösen, indem sie sich in den Schoß der Kirche flüchten und ihre Vernunft dem Wunder- und Aberglauben unterwerfen; die anderen, indem sie, ohne sich auch nur einen Rückblick zu gestatten, die neue Lehre rückhalts- und bedingungslos annehmen. Zwischen diesen beiden extremen Parteien steht noch eine dritte: Es sind jene, denen es ebenso unmöglich ist, das Sacrifizio dell' Intelletto zu bringen, wie den ethischen Idealen zu entsagen, in denen sie bisher ihren Halt und ihre Stütze fanden. Eine große, gewaltige Bewegung geht durch die geistige Welt und die lyrische Poesie – sie, deren höchster Beruf darin besteht, im Denken und Fühlen der Einzelnen den jeweiligen Pulsschlag der Menschheit kundzugeben – sollte in einem so erschütternden Moment ihre Stimme nicht erheben?

In dem die Sammlung eröffnenden Gedicht *Mon livre* bezeichnet die Verfasserin klar und bestimmt den Standpunkt, den sie einnimmt. Von ihrem Buch sprechend sagt sie:

L'accent désespéré sans doute ici domine,
Mais je n'ai pas tiré ces sons de ma poitrine
Pour le plaisir de blasphémer.

Das ist's, was Louise Ackermann von so vielen Anhängern der materialistischen Lehre unterscheidet und sie jener dritten Gruppe beigesellt, von der ich vorhin sprach. Nicht Verstandeshochmut, nicht der trügerische Lockruf »Eritis sicut Deus« hat sie zum Bruch mit dem Glauben getrieben; das Bewusstsein, den alten Wahn abgestreift zu haben, erweckt in ihr keine eitle Selbstgefälligkeit. Sie konnte nicht anders; es gibt Geister, die im Streben nach Wahrheit keinen Einsatz für zu hoch halten. Sie hat sich von einem Glauben, der das Opfer ihrer Vernunft, ihrer sittlichen Überzeugung forderte, losgesagt und die Wissenschaft zur Führerin erkoren; aber auch diese hat ihr nicht die Gewissheit zu bieten, die sie verzweifelnd anstrebt. Auch die Wissenschaft muss sich zu dem Geständnis bequemen, dass die letzten und höchsten Probleme unlösbar sind. Ist es ein Wunder, wenn dieses dumpfe, unerbittliche »Vergebens!« mit Dolchesschärfe sich in das Herz der Dichterin bohrt, wenn alle ihre Anschauungen das Gepräge des düsteren Pessimismus tragen? Das Leben erscheint ihr als eine Fahrt, deren Ziel ein unvermeidlicher und hoffnungsloser Untergang ist; immer lauter heult der Sturm, immer wilder stürzen sich die Wogen auf das lecke Schiff – wie lange noch und es muss sinken! Zitternd drängen sich die anderen in dem untersten Schiffsraum zusammen, um das nahende Verderben nicht zu schauen. Die Dichterin aber, nicht vom Verdeck weichend, ruft:

A l'écart, mais debout, là dans leur lit immense
J'ai contemplé le jeu des vagues en démence.
Puis, prévoyant bientôt le naufrage et la mort,
Au risque d'encourir l'anathème ou le blâme,
A deux mains j'ai saisi ce livre de mon âme
Et l'ai lancé par-dessus bord.

....

C'est mon trésor unique, amassé page a page,
A le laisser au fond d'une mer sans rivage
Disparaître avec moi, je n'ai pu consentir.
En dépit du courant qui l'emporte ou l'entrave,
Qu'il se soutienne donc et surnage en épave
Sur ces flots qui vont m'engloutir!

Ja, in Wahrheit : »Ce livre de mon âme!« Dass dieses Buch wirklich aus innerster Seele kommt, wird keiner bezweifeln, der das Ursprüngliche von dem Erkünstelten zu unterscheiden versteht. Es ist aber noch anderes daran hervorzuheben: Der leidenschaftliche Schmerz, den es atmet, die wilden Anklagen, die es dem Urgrund allen Lebens – ach, welch qualenreichen Lebens! – entgegenschleudert, sind nur die in einer Dichternatur gesteigert und verschärft auftretenden Symptome der Krisis, in der ein großer Teil der Menschheit sich gegenwärtig befindet. Wenn David Strauß von der Wohnungsnot Gottes spricht, so könnte man wohl auch behaupten, dass, nach Beseitigung des Gottesbegriffs, der Mensch für sein Bestes und Edelstes, das Ideal, keine schirmende Stätte mehr zu finden weiß. Die höchsten Kräfte seines Wesens, für deren Entfaltung kein Boden bleibt, kehren sich feindlich gegen ihn. In einer nur aus Kraft und Stoff bestehenden Welt ist kein Raum für ein Reich der Gerechtigkeit und der Liebe. Unmächtig steht der Mensch der Natur, der blind und bewusstlos waltenden Urkraft gegenüber, der als willenloses Werkzeug zu dienen seine einzige Bestimmung ist. Eine Reihenfolge von psychischen Notwendigkeiten hat ihn ins Leben gerufen, ihr fernerer Verlauf wird ihn dem Tod überliefern. Er ist nichts weiter als eine Betätigung jener rastlos zeugenden und wieder zerstörenden ewigen Urkraft, ein zerstäubendes Atom.

Das ist die Lehre, die unter den Gebildeten von Jahr zu Jahr größere Verbreitung gewinnt. Ob sie falsch oder richtig ist, soll hier nicht in Betracht kommen; ebenso wenig, wie weit sie die Handlungsweise der Menschen zu beeinflussen geeignet ist, nur von ihrem Einfluss auf die Gefühlssphäre soll die Rede sein. Man bedenke es wohl: Hier handelt es sich nicht darum, eine von Wahn und Aberglauben getrübte Religion gegen eine höhere, reinere Auffassung des Wesens Gottes einzutauschen; es handelt sich darum, die Existenz Gottes zu verneinen, auf die innere Erfüllung und Erhebung zu verzichten, die der Mensch in dem Gedanken findet, ein notwendiges Glied in einer sittlichen Weltordnung zu sein, dem Glauben an die eigene Würde, an die Unzerstörbarkeit unserer geistigen Individualität zu entsagen. Das müssen die Bekenner der neuen Lehre, wenn sie nicht kindisch inkonsequent sein wollen. Mit welchen Kämpfen und Qualen aber ein solcher Verzicht verbunden ist, weiß wohl nur, wer sie in seinem Innern durchgerungen hat, und ist's ein Dichter, so wird sein Lied sie herzerschütternd austönen, wie Louise Ackermann es in ihrem Buche getan hat.

Jedem einzelnen dieser Gedichte könnten Pascals Worte: »Il faut croire ou désespérer« als Motto voranstehen. Die Dichterin hat ihre Wahl getroffen und, lieber als ihre Vernunft gefangen zu geben, sich der Verzweiflung in die Arme gestürzt. Angesichts des Jammers, der die Erde füllt, des Unrechts, das vergeblich gen Himmel schreit, kann sie an keinen Gott glauben; in allen Erscheinungen des Lebens erblickt sie nur das Walten fühlloser Naturkräfte. Aber schauderndes Entsetzen befällt sie vor der Leere dieser von keinem göttlichen Gedanken beseelten Welt. Die Armseligkeit des Menschenloses entreißt ihr Klagen, deren Bitterkeit mitunter an Schopenhauers trostloseste Aussprüche erinnert. Man möchte die zwei Abteilungen, in die das Buch zerfällt, kaum einem und demselben Verfasser zuschreiben. In den *Poésies premières* begegnen wir der zwar ernsten, doch nicht finsteren Resignation, der kontemplativen Schwermut, welche die Kenntnis des Lebens in tiefer angelegten Naturen zu erzeugen pflegt. Es sind die Anschauungen und Empfindungen eines nach schweren Stürmen zum Frieden der Entsagungen gelangten Gemütes, dem nach vielen Enttäuschungen doch noch die Liebe zur Kunst und zur Natur geblieben ist. Nichts lässt hier die leidenschaftliche Glut ahnen, welche die *Poésies philosophiques* wie eine düstere Flamme durchlodert. Es muss in der Zwischenzeit in der Dichterin eine große Wandlung sich vollzogen, eine neue Gedankenwelt sich ihr erschlossen haben. Fast wird man selbst von Schwindel ergriffen, wenn man sie verzweifelnd in den Abgrund niederstarren sieht, der sich vor ihr aufgetan hat. Die Gebilde eines frommen Wahns, die ihn einst verdeckten, sind zerflossen, und keine neue Erkenntnis vermag sein undurchdringliches Dunkel zu erhellen. Vom Gefühl menschlicher Unzulänglichkeit durchdrungen, ruft die Dichterin dem entthronten Glauben zu:

Eh bien! nous t'expulsons de tes divins royaumes,
Dominatrice ardente, et l'instant est venu:
Tu ne vas plus savoir où loger tes fantômes;
Nous fermons l'Inconnu!

Mais ton triomphateur expîra ta défaite.
L'homme déjà se trouble et, vainqueur éperdu,
Il se sent ruiné par sa propre conquête;
En te dépossédant nous avons tout perdu.
Nous restons sans espoir, sans recours, sans asile,
Tandis qu'obstinément le désir qu'on exile,
Revient errer autour du gouffre défendu.

Das merkwürdigste, die Verfasserin am schärfsten charakterisierende Gedicht ist unstreitig das *Pascal* überschriebene. Wir sehen den großen Denker mit dem Aufgebot aller seiner Kräfte bemüht, der in starres Schweigen gehüllten Sphinx – dem ewigen Welträtsel – ihr Geheimnis zu entlocken. Ein grimmer Kampf entbrennt zwischen ihnen. Immer stürmischer dringt er auf das Ungeheuer ein, der Wunden nicht achtend, die es ihm schlägt. Umsonst!

Während sein Blut in Strömen fließt, bleibt der Felsenleib, auf den seine wütenden Streiche niederschmettern, unversehrt. Endlich erliegt die Kraft des Sterblichen; erschöpft, verzweifelnd flüchtet er sich in den Schoß des Glaubens, um seinem entsetzlichen Gegner zu entrinnen. Er ist gerettet, aber um welchen Preis!

La croix a triomphé; ta défaite est complète.
Oui, te voilà vaincu, subjugué, prosterné!
Au lieu comme autrefois d'un héroïque athlète
Nous n'avons sous les yeux qu'un pauvre halluciné.
Comment? tant de faiblesse après tant de vaillance!
Puisqu'entre ces trépas tu pouvais faire un choix,
N'eût il pas mieux valu périr sans défaillance,
Dévoré par le sphinx, qu'écrasé sous la croix?

Namentlich der Schluss dieses Gedichts ist von wildem, großartigem Schwung. Voll tiefsinniger Gedanken und mächtiger Empfindung sind ferner: *Prométhée*, *L'Amour et la Mort, Le Nuage* und das *Zwiegespräch zwischen dem Menschen und der Natur*. Von dem schönen kleinen Gedicht *A la comète de 1861* hat Albert Möser in Ernst Ecksteins *Deutsche Dichterhalle* (Band IV, Nr. 22) eine treffliche, Sinn und Stimmung des Originals wiedergebende Übersetzung geliefert.[1]

Selbstverständlich sind die *Poésies philosophiques* nicht alle von gleichem Wert, aber unbedeutend, matt, aus erkünstelten Empfindungen hervorgegangen ist auch nicht eine. Es gibt nicht viele Gedichtsammlungen, von denen sich das Gleiche behaupten ließe. Die über das literarische Interesse hinausgehende Wichtigkeit dieser Erscheinung liegt jedoch darin, dass sich in ihr der Rückschlag kundgibt, den die materialistischen Theorien der Neuzeit in Naturen von

1 Betty Paoli hat selbst *Die Wolke* und *Der Positivismus* aus Louise Ackermanns *Poésies philosophiques* übersetzt. *Gedichte* von Betty Paoli. Auswahl und Nachlaß 1895, S 237 ff

tieferem Gehalt hervorbringen. Jedem Leser muss sich die Überzeugung aufdrängen, dass ein solches Buch nur in einer Zeit der Gärung und Umgestaltung, wie die unsrige ist, entstehen konnte. Wir sind Zeugen eines seltsamen Schauspiels: Die Wissenschaft vermisst sich, den Menschengeist zu befreien, und die Freiheit, die sie ihm bringt, lässt ihn den Umfang seines Elends erst recht ermessen; sie wähnt ihn aufzurichten, indem sie, das Grauen vor den dunklen Möglichkeiten, die jenseits des Grabes seiner warten, von ihm nehmend, ihm zuruft: »Fürchte nichts! Es gibt kein Jenseits!«, und er bebt zurück vor dieser Botschaft, deren eisiger Hauch die Hoffnung vernichtet, dass das Wirrsal dieses Daseins einst eine harmonische Lösung finden werde; sie weist ihn auf das Irdische als das allein Sichere hin, und alles Irdische reicht nicht hin, den Durst seiner Seele zu stillen. Wenigstens jetzt noch nicht, denn noch ist der Bruch mit der Vergangenheit nicht so vollständig, dass ihre Nachklänge kein Echo in unserer Brust weckten. Sollte die neue Lehre sich siegreich behaupten, dann werden vielleicht späteren Geschlechtern die Ausbrüche des Schmerzes und der Verzweiflung, die in diesem Buche rasen, unverständlich, unfasslich sein. Mit einer neuen Denkweise wird man allmählich eine andere Empfindungsweise angenommen, wird gelernt haben, sich in das Unabänderliche ruhig zu fügen. Die Gewohnheit, deren langsam aber sicher wirkendem Einfluss auch der Geist unterworfen ist, wird es künfti gen Generationen vielleicht möglich machen, in der Erforschung des sinnlich Wahrnehmbaren volles Genüge zu finden und sich mit dem Irdischen zu bescheiden. Dann werden Gedichte wie diese nicht mehr geschrieben werden können – Gedichte, die dem Schmerz der Losreißung von nicht länger zu behauptenden Gütern und dem Schauder vor dem, was sie ersetzen sollen, ihren Ursprung verdanken. Längst wird der Trauerruf: »Der große Pan ist tot!« verklungen sein.

In Deutschland ist dieses merkwürdige Buch fast unbekannt geblieben; in seiner Heimat mag es wohl die verschiedenartigste Aufnahme gefunden haben. Den Gläubigen muss es ein Gräuel sein, den Frivolen eine müßige Grübelei, den Männern der Wissenschaft eine törichte Auflehnung gegen die ewigen Gesetze der Natur scheinen. Um so tiefer wird es diejenigen berühren, deren Brust der Schauplatz ähnlicher Kämpfe ist; sie werden in diesen Gedichten die Stimme begrüßen, die ihrer stummen Angst, ihrer dumpfen Qual Worte lieh. Jeder ernste und unbefangene Leser aber wird der Verfasserin ein ungewöhnliches Maß von geistiger und poetischer Kraft zuerkennen und in ihrem Buch ein bedeutungsvolles Zeichen der Zeit erblicken.

Beilage zur Augsburger Allgemeinen Zeitung, März 1876

Julie Rettich[1]
Ein Lebens- und Charakterbild

Am Sarge fällt die Blüte ab
Zerfließt des Ruhmes Zauberschemen!
Dein Lorbeerkranz, er bleibt am Grab, –
Du kannst ihn nicht hinüber nehmen!
Doch vor dem Richter kannst du knie'n.
Die reinen Hände hoch gefaltet:
»Sieh, Herr! die Pfunde, mir verlieh'n,
Ich habe treulich sie verwaltet!«
ANNETTE VON DROSTE-HÜLSHOFF

Es war am 14. April. Die Sonne strahlte im heitersten Frühlingsglanz, aber ihr Licht spiegelte sich in Tränen, die an einem mit Kränzen und Blumen bedeckten Sarge flossen: Es war Julie Rettichs Begräbnistag. Die Räume des protestantischen Bethauses, in dem ihre Leiche eingesegnet wurde, fassten nicht die Zahl der Leidtragenden. Durch die umliegenden Straßen wogte eine unabsehbare Menschenmenge; weithin durch die entfernten Vorstädte, die nach dem Friedhof führen, standen dichte Gruppen, des Zuges harrend, der sich in dem Gewühle nur langsam fortbewegen konnte. Aus jeder Miene sprach Ergriffenheit und Betrübnis. Was war es, das die Frau, die man zu Grabe trug, zum Mittelpunkt machte, in dem die Liebe und Verehrung so vieler sich begegnete?
Was war es, das bei ihrem Scheiden so viele Herzen mit dem Gefühl eines bitteren Verlustes durchdrang? War es ihre künstlerische Bedeutung? Wie hoch diese auch angeschlagen werden muss, kann sie allein doch nicht den Zau-

1 Julie Rettich 1809–1866

ber erklären, der von dieser Frau ausging, noch die Huldigungen, die sie zu ihrer letzten Ruhestätte begleiteten. Es hat vor ihr, zugleich mit ihr große Schauspielerinnen gegeben und nach ihrem vollen Wert hat man sie gewürdigt, aber die ihnen gezollte Bewunderung war von der Begeisterung, die Julie Rettich einflößte, wesentlich verschieden. Jene galt einem außerordentlichen, von allen Charaktereigenschaften unabhängigen Talent, während bei der uns zu früh Entrissenen das Talent als die höchste, reinste Blüte ihres Wesens selbst erschien. Man fühlte, dass die Vollendung ihrer künstlerischen Gebilde vor allem aus der Hoheit und Fülle einer großartigen Individualität hervorging und vor dieser beugte man sich. Es gibt unsichtbare Kronen, die das Haupt, welches sie schmücken, zu einem geweihten machen; nicht zufällige Verhältnisse, sondern unumstößliche innere Gesetze bestimmen schon bei der Geburt des Kindes den Rang, den es dereinst in der Welt einnehmen soll. Unsere Natur ist unser Schicksal. Julie Rettichs Natur war eine königliche; durch sie übte sie über die Gemüter eine Herrschaft aus, deren tiefster Grund ihr selbst und wohl auch vielen, die ihre Macht erfuhren, ein Rätsel blieb. Aber wenn sich auch nicht alle das Geheimnis dieses Zaubers zu erklären wussten, haben ihn doch alle empfunden! Empfunden, dass die Kluft zwischen ihnen und einer solchen keinen Wettkampf zulassenden Erscheinung durch nichts überbrückt werden könne als nur durch die Fähigkeit, sie zu verehren, sie zu lieben und sich ihr freudig zu unterordnen.

Ich habe Julie Rettich eine königliche Natur genannt; sie war es durch den Umfang und die Fülle ihrer Begabung. Vorzüge, die einander auszuschließen scheinen, waren in ihr harmonisch vereinigt: durchdringender Verstand mit tiefer Herzensmilde, unerschrockene Wahrhaftigkeit mit schonungsvoller Zartheit, der höchste dichterische Schwung mit einer Tatkraft, die, treu wie sie dem Großen zugewendet war, auch der kleinsten Anforderung des Tages, der

Stunde, ihr Recht angedeihen ließ. Wer nur eine dieser Eigenschaften in einem vorzüglichen Grade besitzt, ist dadurch schon so ausgezeichnet, dass man ihm die übrigen gerne nachsieht. Man fordert von der Taube nicht den kühnen Aufschwung des Adlers und von diesem nicht ihre harmlose Sanftmut. Man findet es natürlich, wenn der zu Höherem Befähigte mit den Sorgen und Mühen des Alltagslebens nichts zu schaffen haben mag, und schätzt die besonnene praktische Tüchtigkeit deshalb nicht geringer, weil ihr die poetische Verklärung fehlt. Wenn aber schon eine zur vollkommenen Ausbildung gelangte Eigenschaft hinreicht, einem Menschen Geltung zu verschaffen, wie erst dann, wenn der Hort, von dem jeder Bruchteil ein köstliches Kleinod, sich in einem Wesen ganz und voll vorfindet?

Wer Julie Rettich kannte, der weiß, dass dieses Lob, wie überschwänglich es klingen mag, ihr gegenüber nur ein Akt einfacher Gerechtigkeit ist. Für jene aber, denen es nicht beschieden ward, ihr im Leben zu begegnen, will ich es versuchen, diese großartige Persönlichkeit wenigstens andeutend so zu schildern wie sie, trotz Tod und Grab, in meiner Seele fortlebt. Keiner, der ihr nahe stand, wird hoffen, jemals einen Ersatz für sie zu finden, doch ebenso wenig würde er sich von dem Schmerz um sie, um den Preis, sie nie gekannt zu haben, loskaufen wollen. Es ist tausendmal besser, das Herrlichste verloren, als es nie besessen zu haben.

Es scheint mir geboten, bei dieser Schilderung von Julie Rettichs Wesen auch der Verhältnisse zu erwähnen, unter welchen ihr Charakter und ihr Talent sich entwickelten. Freilich ist die Entfaltung solcher Ausnahmsnaturen nicht an äußere Bedingungen gebunden; unter allen Umständen hätten sie ihr Ziel erreicht, werden sie es erreichen. Es fragt sich aber, um welchen Preis. Oft ist er so hoch, dass die wenigsten, die ihr Los beneiden, ihn bezahlen möchten. Wie viele der Berufenen werden nicht in einer Lebenssphäre geboren, in der nur ein geheimnisvoller Instinkt sie die Bahn erkennen lässt, die sie zu beschreiten haben! Eine gemeine Umgebung verspottet sie als hochmütige Toren, kein Führer schreitet ihnen voran. Mühsam müssen sie sich die Bildung erwerben, welche die Erziehung ihnen versagte, und kostbare Jahre daran wenden, um das Versäumte nachzuholen, im Schweiße ihres Angesichts sich die Waffen für ihre geistigen Kämpfe selber schmieden. Die Welt, ungewiss, was sich aus diesen noch in der Gärung begriffenen Elementen schließlich losringen wird, hält mit ihrer Anerkennung vorsichtig zurück. Und wäre es nur das! Aber wenige sind so stark, so siegesgewiss, dass in der Qual solchen einsamen Suchens und Ringens nicht ein noch schlimmerer Feind sie beschliche: der Zweifel an der eigenen Kraft, dem eigenen Wert. Ja, sie erreichen ihr Ziel! Aber auf welchen Umwegen! Mit welcher Mühe und Not! Umso tiefere Befriedigung gewährt es, wenn es sich einmal anders fügt, das Schicksal auf die Absichten der Natur freundlich eingeht; wenn schon Geburt, Erziehung und Umgebung das Kind in die seinem Beruf entsprechende Atmosphäre versetzen und der peinliche Kampf mit der Ungunst der Verhältnisse einem Auserwählten erlassen wird. Ein Blick auf Julie Rettichs Leben gewährt uns diese Befriedigung.

Am 17. April 1809 erblickte sie zu Hamburg das Licht der Welt. Sie war das Kind eines Künstlerpaares, das den Namen Gley – so hießen Juliens Eltern – bereits zu einem allgemein bekannten und geachteten gemacht hatte. Im Jahre 1817 übersiedelte die Familie nach Strelitz, wo Frau Gley als großherzogliche Kammersängerin angestellt worden war. Julie war damals noch so jung, dass sie sich gewöhnte, Strelitz als ihre eigentliche Heimat zu betrachten, für die sie stets eine erinnerungsvolle Vorliebe bewahrte. Die ungewöhnlichen Anlagen des Kindes entwickelten sich schon sehr frühe; eine vernünftige Erziehung ließ ihnen jegliche Förderung angedeihen. Das Mädchen wurde angehalten, sich außer den zu einer allgemeinen Bildung erforderlichen

Kenntnissen auch die Fertigkeiten und Geschicklichkeiten zu erwerben, die dem Weibe insbesonders zukommen. Nach beiden Seiten hin entsprach Julie den an sie gestellten Anforderungen. Ihr Wissensdurst machte ihr das Lernen zum Genuss, ihr angeborener Drang nach Tätigkeit fand in der Erfüllung ihrer kleinen häuslichen Pflichten ein erwünschtes Genüge. – Die Gabe, Herzen zu gewinnen und für immer an sich zu fesseln, muss ihr schon damals eigen gewesen sein, denn obgleich sie bei ihrem Scheiden von Strelitz noch ein halbes Kind war, ließ sie dort Freundinnen zurück, die sie bis an ihr Ende mit Zeichen treuer Erinnerung erfreuten. Im Jahre 1823 verlegte die Familie ihren Wohnsitz nach Dresden. Wahrscheinlich fand sich der Vater durch die Hoffnung, in der größeren Stadt mehr für die Ausbildung seiner vier Kinder tun zu können, zu diesem Entschlusse bewogen. Die Ausführung desselben war namentlich für Juliens Zukunft von entscheidendem Einfluss. Erst in Dresden lernte sie eine Bühne größeren Styles kennen; die bedeutenden Leistungen, mit denen sie jetzt vertraut wurde, brachten sie zum Bewusstsein ihres eigenen Berufs. Von nun an stand es in ihr fest, dass sie Schauspielerin werden wolle, werden müsse, doch mussten vorher noch manche Bedenken beseitigt werden. Ihr Vater war zwar zu verständig, zu einsichtsvoll, um einem so glühenden Herzenswunsch mit einem brutalen Machtspruch entgegenzutreten, doch kannte er die Theaterverhältnisse zu genau, um nicht zu wissen, dass ein Schauspieler, dem sein Talent nicht eine Stelle in der ersten Reihe sichert, in jedem andern Lebensberuf mehr Glück und Befriedigung gefunden haben würde. Die glänzenden Geistesgaben seiner Tochter, die Fülle von Gemüt und Phantasie, die sie verriet, schienen ihm noch immer keine Bürgschaft für das Vorhandensein eines starken dramatischen Talentes, das jene Vorzüge erst wie mit einem elektrischen Funken durchzucken muss, wenn sie von der Bühne herab wirken sollen. Seinem eigenen Urteil misstrauend, machte Juliens

Vater die Entscheidung von dem Ausspruch Tiecks abhängig; dieser sollte die Kunstnovize prüfen und dann nach bestem Wissen und Gewissen sagen, ob hier die Kraft mit der Lust gleichen Schritt halte. Es geschah mit einem Erfolg, der für keinen Zweifel mehr Raum ließ. Von dem Talent des jungen Mädchens entzückt, machte Tieck sie mit dem damaligen Generalintendanten, Herrn von Lüttichau, bekannt, der ihr, auf solche Fürsprache hin, sogleich ein Debüt zusagte. Doch auch jetzt noch stellte der alte Gley eine letzte Bedingung. Er fürchtete einen jenen Scheinerfolge, zu denen Jugend, die Protektion einer anerkannten Autorität, ein ausgebreiteter Kreis von Freunden und Bekannten dem Anfänger so leicht verhelfen; darum bestand er darauf, dass Julie sogleich mit einer größeren Rolle debütiere, die das Publikum zum Vergleich mit bedeutenden Künstlerinnen, die darin geglänzt hatten, herausfordere. Nur ein solcher Probierstein schien ihm verlässlich. Willig unterwarf man sich dieser Bedingung, Julie sollte als Margarethe in Ifflands *Hagestolzen* debütieren. Sie war sechzehn Jahre alt, als sie am 23. September 1825 zum ersten Male die Bühne betrat. Dass sie damals noch keine vollendete Künstlerin sein konnte, versteht sich von selbst, aber für die fehlende künstlerische Reife bot die duftigste Seelenfrische, für die noch mangelhafte Technik ein Ton voll bezaubernder Wahrheit und Innigkeit reichlichen Ersatz. Das Publikum war enthusiasmiert und begrüßte in dem jungen Mädchen einen neuen Hoffnungsstern der deutschen Bühne. Bemüht, das viel verheißende Talent dauernd zu gewinnen, bot die Intendanz Julien ein Engagement an, das sie auch annahm. Ihr Vater gab seine Zustimmung, wünschte jedoch, dass sie bis zu ihrer vollkommenen Ausbildung nur in Nebenrollen beschäftigt werden möge. Der erfahrene Mann kannte die Gefahr, die für den Anfänger darin liegt, plötzlich in einen Wirkungskreis versetzt zu werden, den er noch nicht auszufüllen vermag. Entweder er bescheidet sich damit, zu geben, was er eben geben kann, und verfällt auf diesem Wege in eine jedem höheren Streben tödliche Routine, oder das peinliche Gefühl, den Ansprüchen seiner Rolle nicht zu genügen, treibt ihn zur gewaltsamen Überspannung seiner Kräfte, d.h. zur Manieriertheit. Um zwischen dieser Scylla und Charybdis glücklich durchzuschiffen, sollte Julie, wie ihr Vater zu sagen pflegte, von der Pike auf dienen. In der Tat besteht ihr Rollenverzeichnis aus jener Zeit fast nur aus kleineren Partien. Es ist bezeichnend für sie, dass sie, nach so glänzendem Beginn, sich mit einer untergeordneten Stellung begnügen mochte. Was wenige über sich gewännen, fiel ihr nicht schwer, denn sie besaß die eben nur wenigen verliehene Fähigkeit, einer Idee Opfer zu bringen, jede persönliche Befriedigung hintanzusetzen, wenn dadurch ein höherer Zweck erreicht werden konnte. Gewiss hatte sie dieser Lehrzeit vieles zu verdanken, vor allem die Sicherheit des Taktes, womit sie sich stets dem Ganzen einzufügen wusste, den richtigen Blick für die in jeder Kunst gültigen Gesetze der Perspektive, deren Verletzung den Schwerpunkt einer Dichtung heillos verrückt. Auch noch in anderer Weise kam ihr die Selbstverleugnung, die sie sich auferlegte, zugute: Die Beschränkung ihrer schauspielerischen Tätigkeit erlaubte ihr nicht nur, sich für ihren Beruf mehr und mehr auszubilden, sondern ließ ihr auch Zeit und Muße, durch Studium, Lektüre und den Verkehr mit ausgezeichneten Menschen in der literarischen Bildung fortzuschreiten, die sie von ihren meisten Standesgenossen so glänzend unterschied und von unberechenbarem Einfluss auf ihre künstlerische Entwicklung war. – Nach zwei gewissenhaft benützten Jahren begann sie größere Rollen zu spielen und sich auch in der Tragödie zu versuchen. Ihre Beliebtheit wuchs mit jedem Tag, ihr Ruf verbreitete sich so schnell, dass sie schon im Jahre 1827 Einladungen zu Gastspielen in Prag und Hamburg erhielt. Wo sie erscheinen mochte, stand ihr der Erfolg zur Seite. Wie eine Naturnotwendigkeit ging er aus dem Reichtum und der Holdseligkeit ihres Innern hervor; nicht sinnlichem Reiz hatte sie ihn zu

danken. Obgleich sie die auf der Bühne wichtigsten äußeren Vorzüge besaß:
Edle, großartige Züge, Augen von einer unvergleichlichen Macht und Tiefe des Ausdrucks, reiches dunkles Haar und die prachtvollsten Zähne – galt Julie Rettich in ihrer Jugend nicht eben für schön. Der Grund lag wohl darin, dass ihr gerade die Reize fehlten, die das gewöhnliche Attribut der Jugend sind, nämlich ein blühendes Kolorit und weiche Formenfülle. Die Letzte fand sich bei zunehmender Reise ein, das Erstere wurde dann nicht mehr vermisst, und so kam es, dass Juliens Erscheinung in späteren Jahren einen größeren Zauber ausübte als in ihrer Jugend. Es ist übrigens eine oft wahrgenommene Tatsache, dass Menschen von sehr hohem geistigen und sittlichen Werte sich in dem Maße zu verschönern pflegen, in dem ihr Inneres das Äußere mehr und mehr durchdringt, bis dieses endlich zu seinem Wiederschein, seinem Symbol wird. Für diese Wahrheit hat Rahel Varnhagen den treffendsten Ausdruck gefunden, als sie sagte:

Eine Gerechtigkeit gibt es schon hier auf Erden:
Dass jedes Antlitz muss wie seine Seele werden!

Wunderbares Walten der Psyche, für die alles Irdische nur Stoff ist, der ihr Gepränge annehmen muss!
Im Dezember 1828 reiste Julie mit ihrem Vater nach Wien. Ihre Absicht war nicht hier zu gastieren; sie wollte nur die großen Künstler kennen lernen, die das Burgtheater damals die Seinen nannte, doch machte der Anstand es ihr zur Pflicht, sich Schreyvogel, der unter dem Titel eines Theatersekretärs artistischer Direktor war, vorzustellen. Dieser besaß Scharfblick genug, um sogleich die Bedeutung des jungen Mädchens zu erraten. Er forderte sie auf, in Wien zu spielen. Freudig überrascht willigte Julie ein und betrat am 15. Dezember desselben Jahres zum ersten Male die Bühne, deren Zierde sie einst sein sollte. Sie debütierte als Kathinka im *Mädchen von Marienburg*. In die-

ser wie in den zwei folgenden Rollen fand sie ungeteilten Beifall. Die eintretenden Weihnachtsferien machten ein längeres Gastspiel unmöglich; sie kehrte nach Dresden zurück. Ihren nächsten Urlaub benützte sie zu einem längeren Gastspiel in Berlin, das gleichfalls von einem durchgreifenden Erfolg begleitet war. Inzwischen trat am Burgtheater eine wichtige Veränderung ein: Sophie Müller war hoffnungslos erkrankt, die Direktion musste auf einen Ersatz für sie bedacht sein. In Julie Gley hoffte man ihn zu finden. Gerne hätte Schreyvogel sie sogleich gewonnen, dem stellten sich jedoch sowohl ihre Verpflichtungen in Dresden als auch der Umstand entgegen, dass der damalige Oberstkämmerer, Graf Czernin, von dem in letzter Instanz die Entscheidung abhing, verhindert gewesen war, sie bei ihrem vorjährigen Gastspiel zu sehen. Eine Wiederholung desselben wurde beschlossen und hatte ein Engagement zur Folge, das sie am 12. Oktober 1830 antrat. Mit ihr übersiedelte ihre Familie nach Wien und bald war, wie früher in Dresden, das Haus ihrer Eltern auch hier ein Sammelplatz für diejenigen, denen geistige und künstlerische Interessen am Herzen lagen. Um sich die hervorragende Stellung zu erklären, die Julie alsbald in den geselligen Kreisen Wiens einnahm, muss man die Faktoren in Betracht ziehen, die ihr dazu verhalfen, ein glänzendes Talent im Verein mit seltener Bildung, tiefer Liebenswürdigkeit und makelloser Reinheit des Charakters.

Als Privatperson wie als Künstlerin geliebt und gefeiert, hatte Julie nur über eines zu klagen, ihr Verhältnis zur obersten Theaterdirektion. Anschütz hat in seinen Memoiren das Zerwürfnis zwischen Graf Czernin und Schreyvogel ausführlich besprochen. Ihre gegenseitige Spannung brachte es mit sich, dass der Oberstkämmerer gegen jede von Schreyvogel getroffene Maßregel im Vorhinein eingenommen war und seinen Ansichten meist feindlich entgegentrat. Notgedrungen hatte er in Juliens Engagement gewilligt, aber nie konnte er vergessen, dass die erste Anregung von dem ihm verhassten Schreyvogel ausgegangen war. Der Groll, den er von ihm auf sie übertrug, verblendete ihn so sehr, dass er den ihr gezollten Beifall für das Werk einer sächsischen Claque erklärte. Juliens gerechtes Selbstgefühl erlaubte ihr nicht, in einer Stellung zu verharren, die sie den Angriffen einer launenhaften Feindseligkeit preisgab. Als nun vollends die im Jahre 1832 erfolgte Pensionierung Schreyvogels ihr diese letzte Stütze raubte, ward es klar, dass ihres Bleibens in Wien nicht mehr lange sein könnte.

Dasselbe Jahr sollte aber noch in einem andern Sinn ein Wendepunkt in ihrem Leben sein; ihm entkeimte das Glück, das fortan die Krone ihres Daseins sein sollte. Sie lernte Karl Rettich, ihren späteren Gatten, kennen. Schon als ganz junger Mensch hatte er dem Burgtheater angehört, war dann in Graz und Kassel engagiert gewesen und nun vor kurzem in seine frühere Stellung zurückgekehrt. Es traf sich, dass beide während der Sommerferien zu einem Gastspiel nach Graz geladen wurden. Bis dahin waren sie nur in einem freundlich kollegialen Verhältnis zueinander gestanden; jetzt traten sie sich näher und fassten füreinander jene Neigung, deren unerschütterlicher Fortbestand ihre Ehe zu einer wahrhaft idealen gemacht hat.

Juliens Wahl war auf einen Ebenbürtigen gefallen; ein seltenes Heil! – Nur zu oft sieht man auf ausgezeichneten Frauen den Fluch einer, wenn nicht gerade unglücklichen, doch unbeglückten Ehe lasten, und die gedankenlose Menge pflegt die Schuld davon ihnen beizumessen. Mit Unrecht! Sie liegt einfach darin, dass nur wenige Männer edel, gebildet, innerlich stark genug sind, um sich einer großartigen weiblichen Natur gegenüber nicht gedrückt zu fühlen, mag diese auch noch so wenig daran denken, ihre Überlegenheit geltend zu machen. In den Augen der Mittelmäßigkeit gibt es kein unverzeihlicheres Verbrechen, als sie zu überragen. Wehe, wenn nun gar ein Wesen, dessen Herrn man sich nennt, sich dieses Vergehens schuldig macht! – Eine ungewöhnliche Frau lieben kann nur, wer

ihrem Reichtum den gleichen Reichtum entgegenzubringen hat. Rettichs namenlose Liebe für Julie gibt uns den Maßstab seines eigenen Wertes.
Als Verlobte kehrten beide nach Wien zurück. Doch währte es nicht lange, so wurde das Glück dieser jungen Liebe durch schweren Familienkummer getrübt. Juliens trefflicher Vater erkrankte und starb. Sie selbst verfiel in eine schwere, lebensgefährliche Krankheit und noch ehe sie von derselben genesen war, sah sie ihre Schwester von einem unheilbaren Brustleiden ergriffen. Im Vergleich mit diesen Schicksalsschlägen mögen die mutwilligen Kränkungen, welche die Gehässigkeit ihr zufügte, geringfügig scheinen, aber sie empfand sie umso schmerzlicher, je wunder ihr Gemüt ohnehin schon war. Als sie bei ihrem ersten Wiederauftreten vom Publikum mit inniger Teilnahme begrüßt wurde, verbot Graf Czernin ausdrücklich, sie auch nur einmal noch zu beschäftigen. Dem Publikum sollte keine Gelegenheit geboten werden, seinem scheidenden Liebling zu sagen, mit welchem Bedauern, welchem Widerstreben es ihn verlor. Man erschrickt, wenn man sich die Verhältnisse zurückruft, in welchen die rohe Willkür des Einzelnen dem richtigen Gefühl der Gesamtheit Trotz bieten durfte.
Am 9. April 1833 reichte Julie dem Geliebten am Altare ihre Hand. Ihre Trauung wurde in der Stille vollzogen; sie musste vor der sterbenden Schwester verheimlicht werden, um dieser eine in ihrem Zustand gefährliche Aufregung zu ersparen. So war es denn ein ernster, trüber Hochzeitstag. Dennoch konnte er nicht verschoben werden, denn da Julie im Begriffe stand, ihren bisherigen Wirkungskreis zu verlassen, war es wünschenswert, dass dies unter dem Schutz ihres Gatten geschehe. Wenige Tage nach Juliens Vermählung starb ihre Schwester. Das junge Ehepaar folgte dem Rufe, den es nach Dresden erhalten hatte. Graf Czernin konnte sich schmeicheln, seinen Willen durchgesetzt zu haben.

....

Mit schwerem Herzen hatte Julie Wien verlassen; doch wenn es auch nicht in ihrer Weise lag, sich leichten Sinnes mit einem Schmerz rasch abzufinden, war ihr eine weichliche Hingabe an denselben ebenso fremd. Ihr Wahlspruch war: »Leben heißt tätig sein«; ihm getreu suchte und fand sie in ihrer jetzt unbehinderten künstlerischen Tätigkeit den Trost, dessen sie bedurfte. Immer entschiedener trat ihr Beruf für die Tragödie hervor, doch ließ sie sich dadurch nicht verleiten, aus dem Konversationsfach ganz herauszutreten. Bewusst oder unbewusst zog sie aus ihrer häufigen Beschäftigung im Lust- und Schauspiel den wesentlichen Vorteil, den es etwa einem Historienmaler bringt, wenn er mitunter auch Porträts malt: Er wird dadurch zu einer feineren Beobachtung der Natur genötigt, die Mannigfaltigkeit der Erscheinungen führt seiner Phantasie neue Nahrung zu. Die Wirklichkeit ist allerdings noch immer nicht die Wahrheit, wer aber jene nicht genau, in allen ihren Detailzügen, kennen lernt, wird nie zu dieser gelangen.
Das Dresdener Publikum hatte die ungern Vermisste alsbald mit der alten Liebe und Begeisterung aufgenommen, doch stiegen diese noch, je deutlicher man die Fortschritte gewahr wurde, die sie während ihrer Abwesenheit gemacht hatte. Schmerzliche Erlebnisse hatten ihr Inneres gereift, eifriges Studium ihren geistigen Gesichtskreis erweitert, die Verhältnisse, in denen sie sich in Wien bewegt hatte, ihrem Wesen größere Sicherheit und Eleganz verliehen. Als viel verheißende Anfängerin war sie geschieden, als geklärte Künstlerin zurückgekehrt, und ihrem Verdienst entsprach auch die Stellung, die sie von nun an an der Dresdener Hofbühne, in der Dresdener Geselligkeit einnahm.
Im Jahre 1834 wurde Julie Mutter einer Tochter, die sie zur Erinnerung an die dahingeschiedene Schwester Emilie nannte. Mit welcher schwärmerischen Zärtlichkeit sie dieses Kind, das ihr einziges blieb, umfasste, weiß nur der, dem ein Einblick in ihr Verhältnis zu ihrer Tochter gegönnt war. Diese Liebe war ihr ein Kultus, der all ihr Tun

und Lassen bedingte, dem sie freudig alles opferte, unbekümmert, ob das Opfer nicht unverhältnismäßig größer sei als der damit zu erreichende Zweck. Lieber hätte sie ihr eigenes Herz zerdrückt, als einen Wunsch Emiliens unerfüllt gelassen. Die Güter, die ihr eigenes Leben schmückten, hatten für sie nur noch insoferne Wert, als sie in ihnen Mittel sah, den künftigen Lebensweg ihres Kindes zu ebnen. Es ist charakteristisch für Juliens ganzes Wesen, dass die Mutterliebe, diese einzige Liebe, der kein Atom von Selbstsucht innewohnt, die stärkste und heftigste Leidenschaft war, die sie empfand.
Im März des Jahres 1835 starb Kaiser Franz I.; unter seinem Nachfolger fand ein Personenwechsel im kaiserlichen Hofhalt statt. Graf Dietrichstein, ein wohlwollender, den Künstlern freundlich gesinnter Mann, trat an die Stelle Graf Czernins, dessen Gegnerschaft allein Ursache von Juliens Scheiden gewesen war. Schon längst hatte es sich herausgestellt, zu welchem Nachteil für das Burgtheater. Die Schauspielerinnen, mit denen man sie zu ersetzen gehofft hatte, erwiesen sich samt und sonders als unzulänglich; seit ihrem Abgang war das Fach der tragischen Liebhaberinnen so trostlos verwaist, dass an Abhilfe gedacht werden musste. Doch wie eifrig man auch nach allen Seiten ausspähen mochte, schließlich musste man zu der Einsicht gelangen, dass es für Julie Rettich keinen andern Ersatz gebe als nur wieder sie selbst. Man bot ihr und ihrem Gatten ein auf Engagement zielendes Gastspiel an. Zu gleicher Zeit erhielt sie die glänzendsten Anträge vom Berliner Hoftheater, an dem sie wiederholt mit außerordentlichem Erfolg gastiert hatte. Sie entschied sich für Wien. Verschiedene Motive mögen ihren Entschluss bestimmt haben. Vor allem wohl der Wunsch, einem Verein von Kunstkräften anzugehören, wie er an keiner andern deutschen Bühne, die Berliner nicht ausgenommen, zu finden war. Sicherlich kam aber dabei auch die Rücksicht auf ihren Mann in Betracht, der, ein geborener Österreicher und einer hochachtbaren Familie in Wien ange-

hörig, sich nur schwer von seiner Heimat dauernd losgesagt hätte. Julie selbst fühlte sich, nachdem die Wunden, die ihr der Tod des Vaters und der Schwester geschlagen, allmälig vernarbt waren, nach Wien hingezogen, dessen heitere, lebensfrische Physiognomie ihrem lebhaften, phantasiereichen Naturell ungleich besser zusagte als die Stadt der überwundenen Standpunkte. Der Antrag des Burgtheaters ward daher angenommen, und im Herbst 1835 traf das Ehepaar Rettich vorläufig zu einem längeren Gastspiel in Wien ein.

Um sich den Enthusiasmus, den Juliens Debüts hervorriefen, ganz zu vergegenwärtigen, muss man die Bedeutung erwägen, die das Burgtheater damals für Wien hatte. Sie lag nicht nur in den außerordentlichen Talenten, welche zu jener Zeit hier tätig waren, sondern auch in den politischen Verhältnissen, die das öffentliche Interesse auf diesen einen Punkt beschränkten. Wie durch eine chinesische Mauer war Österreich von Deutschland getrennt; die Bühne war die letzte, einzige Zufluchtsstätte deutschen Bewusstseins, für eine überwiegend große Mehrzahl der einzige Verband, in dem sie mit dem geistigen Leben des deutschen Volkes stand. Auf sie allein war das ideale Bedürfnis, das kein Druck ganz zu ertöten vermag, angewiesen und mit glühendem Verlangen suchte es dort seine Befriedigung. Ohne Frage wäre Julie auch einem minder begeisterungsfähigen Publikum gegenüber siegreich durchgedrungen, doch sicherte ihr die Stimmung, die ihr entgegenkam, einen ebenso raschen als vollständigen Triumph. Jeder ältere Theaterfreund wird sich der fast leidenschaftlichen Teilnahme erinnern, mit der die Menge diesem Gastspiel folgte. Juliens Name war in aller Mund, sie hatte den Schlüssel zu aller Herzen. Der Kenner bestaunte ihre geistige Macht, ihre schöpferische Phantasie, die Menge war von der Tiefe und Wärme ihrer Empfindung, der Schönheit ihres Organes entzückt. In der Tat war es zum Teil wenigstens ihr wunderbares Organ, das ihr eine so allgemeine, so unwiderstehliche Wirkung sicherte. Gar manche, die dem poetischen Schwung der Künstlerin nicht zu folgen vermocht hätten, wurden von dem zauberhaften Reiz ihrer Stimme hingerissen und ein musikalischer Eindruck trat an die Stelle des rein geistigen, für den eben nicht jeder die Empfänglichkeit besitzt.

Das lebenslängliche Engagement Julie Rettichs und ihres Gatten war die Folge dieses Gastspiels. Von nun an bis zu ihrem frühen Tod blieb sie die Unsere, und jede neue Gestalt, die sie uns vorführte, ließ uns auf's Neue erkennen, was wir an ihr besaßen. Wenn ich mir's auch versagen muss, hier auf ihre einzelnen Leistungen einzugehen, sei es mir doch gestattet, der Fügung zu erwähnen, welche einen ihrer glänzendsten Triumphe zugleich zu einem der wichtigsten Ereignisse in ihrem Leben machte.

Im Spätherbst 1835 wurde ein neues Drama, *Griseldis*, zur Aufführung im Burgtheater vorbereitet. Der Dichter nannte sich Friedrich Halm, doch war es für niemand ein Geheimnis, dass sich unter diesem Pseudonym Baron von Münch-Bellinghausen verbarg. Der ursprünglichen Bestimmung gemäß sollten Julie Rettich und Fräulein Peche in der Titelrolle alternieren, doch kaum hatte der Wettkampf begonnen, als auch schon die schwächere Kraft der überlegenen weichen musste. Die Wirkung, die Julie als Griseldis hervorbrachte, war so ungeheuer, dass ihre Rivalin dem Alternat gerne entsagte und sie im ungeteilten Besitz dieser Rolle ließ, in der keine andere Künstlerin seitdem ihr auch nur nahe kam. Die Proben des Stückes hatten sie mit dem Dichter in Berührung gebracht, und bald gestaltete sich zwischen ihnen ein Verhältnis, dessen Adel und Reinheit selbst die Verleumdung nie anzutasten gewagt hat, ein Seelenbund, wie er nur zwischen Menschen solchen Ranges möglich ist. Fortan stand Halms dichterisches Schaffen im unauflöslichen Zusammenhang mit der Frau, in der er das Ideal der Weiblichkeit, eine Verkörperung aller Poesie erblickte. Jede edle Frauengestalt, die vor seinem innern Auge auftauchte, trug ihre Züge, sprach zu ihm mit ihrer Stimme. Seine Dichtungen verkünden, was sie ihm war: die Seele des Alls. Demütig, wie Könige ihre Krone kniend empfangen, nahm sie diese Huldigung hin; sie war ihr nur ein Sporn, nach immer höherer Vollkommenheit zu streben. Sie begriff, dass die Begeisterung, die sie einflößte, ihr die Verpflichtung auferlege, sich ihrer in jedem Augenblick würdig zu zeigen. So haben beide unberechenbaren Einfluss aufeinander ausgeübt; ihnen wie der Kunst hat es zum Segen gereicht, dass sie sich fanden. Und nicht der Kunst allein. Auch dem Leben ist ein glorreiches Bespiel daraus erwachsen: das Beispiel einer so reinen, so erhabenen Freundschaft zwischen einem Mann und einer Frau, dass der Gatte dieser Frau in dem Bunde der Dritte sein konnte und es wirklich war.

Wenn Goethes Wort: »Ein edler Mensch zieht edle Menschen an« sich vor allem in Bezug auf diejenigen, die Julie am nächsten standen, als wahr erweist, fand es auch nach andern Richtungen hin seine Bestätigung. Es wird in Wien nicht viele Menschen von literarischer, künstlerischer oder persönlicher Bedeutung geben, die nicht Zutritt in ihr Haus zu erlangen gesucht, dort nicht frohe Stunden verlebt hätten. Juliens Liebenswürdigkeit war keine im Verkehr mit der Welt erworbene, sondern der natürliche Ausdruck ihres innersten Wesens und darum so unwandelbar wie dieses selbst. Die Güte des weichsten, wärmsten Herzens, der Schwung eines genialen Geistes, die Frische und Lebhaftigkeit eines sonnigen Naturells hatte gleichen Teil daran. Eine reiche Seele war ihr geworden. Wie der ahnungsvollsten Vertiefung war sie der harmlosesten Heiterkeit fähig. Mit einer Schnellkraft ohnegleichen konnte sie sich in jedem Augenblick vom Geringfügigen zum Hohen emporschwingen, jetzt sich an einem Scherz, einem gelungenen Witz erfreuen und sich dann wieder mit sibyllenhaftem Ernst in die dunkelsten Rätsel des Lebens versenken. Nichts war ihr fremd, nichts gleichgültig; jedem Menschen, jedem Gegenstand wusste sie eine Bedeutung abzugewinnen. Wenn vollends das Gespräch auf die Dinge kam, die sie am höchsten und heiligsten hielt, auf Poesie und Kunst, Menschenwohl und Völkerschicksal, da erklangen alle Saiten ihres Innern und mit feuriger Beredsamkeit verfocht sie ihre Überzeugung. In solchen Momenten verklärte sich ihr Antlitz zur höchsten geistigen Schönheit, die mächtigen Augen leuchteten wunderbar, als blickten sie in eine andere Welt – man glaubte eine Prophetin vor sich zu sehen. In der Tat lag in ihr etwas Divinatorisches, von dem sie selbst sich keine Rechenschaft zu geben wusste, ein inneres Schauen, das sie ohne die Beihilfe des analysierenden Verstandes die notwendige Gestaltung des noch im Werden Begriffenen erraten ließ. Das Resultat stand plötzlich, gleich einer Vision vor ihr und wenn dann später der Verstand das Facit einer Probe unterzog, erwies es sich als vollkommen richtig.

Ein Thema, auf das sie oft und eifrig zurückkam, war die Stellung der Frauen in der bürgerlichen Gesellschaft. Ihr Gerechtigkeitsgefühl empörte sich gegen die Beschränkungen, die ein gedankenloses Herkommen dem Weibe auferlegt, gegen das Vorurteil, das ihm die Fähigkeiten abspricht, zu deren Betätigung es ihm die Mittel entzieht. In ihren Augen war dies so viel als einem an Händen und Füßen Gebundenen vorwerfen, dass er sich nicht frei bewege. Es war ihre unerschütterliche Überzeugung, dass die Fehler und Schwächen, deren man die Frauen zu beschuldigen pflegt, nicht in der Natur des Weibes begründet, sondern ihm in den meisten Fällen nur anerzogen seien. Immer wieder brachte sie neue Beispiele zu dem Beweise, dass keineswegs bloß bei Frauen ein fortgesetzter brutaler Druck Falschheit und Hinterlist, eine stete Bevormundung notwendig Schwäche und Charakterlosigkeit erzeugen muss. Selbst das Muster einer Gattin, Mutter und Hausfrau, war sie weiter als irgendjemand entfernt, das Weib seinem natürlichen Beruf entfremden zu wollen; vielmehr dachte sie so hoch von diesem Berufe, dass ihr eine vollkommene Erfüllung desselben ohne selbständigkeit des Geistes und Charakters unmöglich schien. Zudem sagte ihr ihre richtige Einsicht, dass in künstlichen sozialen Verhältnissen wie den unseren von jenem natürlichen Beruf sehr oft nicht die Rede sein kann und dass es zur drängenden Notwendigkeit geworden ist, für das Leben so vieler Frauen, denen das häusliche Glück versagt bleibt, einen sichern Schwerpunkt zu finden. Sie sah ihn in der Arbeit, in nutzbringender Tätigkeit, in der Befriedigung, womit eine selbst errungene Stellung die Mühe und Plage vergilt, die es kostete, sie zu erreichen. Alle anderen Arcana[1] schienen ihr wirkungslos oder schädlich. Ich sprach einmal mit ihr über ein damals neu erschienenes Buch, worin die Einkehr in die Familie als die alleinige Panacee[2] für jenes soziale Gebreste angepriesen wird. »Einkehr in die Familie?«, fuhr sie mit humoristischem Zorne auf. »Meint der Verfasser etwa, dass sämtliche unverheiratete Tanten und Cousinen sich in das Haus eines Ehepaars flüchten sollen, dem es auch nicht im Geringsten nach ihnen verlangt? Das wäre mir eine schöne Einrichtung! So erquicklich für die Heimgesuchten wie ehrenvoll für diejenigen, die sich von fremder Gnade das Brot reichen ließen, das selbst zu verdienen ihr Stolz sein sollte.« Das war die Freiheit, die sie für ihr Geschlecht anstrebte; was diese fördern konnte, durfte ihrer freudigen Teilnahme gewiss sein. Und wie mit den Frauen hielt sie es mit allen, denen ihrer Meinung nach ihr gutes Recht vorenthalten ward. Jeden Druck, den sie ausüben sah, empfand sie im eigenen Herzen, dessen Milde sich eben in diesem Abscheu von despotischer Unduldsamkeit und Willkür bewährte.

Durch ihren eigenen Drang getrieben und durch ihre Verbindungen mit ausgezeichneten Menschen in dieser Rich-

---

1 Arcanum: Geheimmittel, Wundermittel

2 Panacee: Allheilmittel, Wundermittel

tung noch bestärkt, erwarb Julie sich eine literarische Bildung von seltener Tiefe und Vielseitigkeit. Etwas halb zu tun, war ihr unmöglich; was sie erfasste, das wollte sie auch ergründen, und um dies zu vermögen, schien ihr keine Mühe und keine Arbeit zu viel. Das Studium fremder Sprachen musste ihr als Mittel zur Erreichung ihrer geistigen Zwecke dienen. Schon in früheren Jahren hatte sie sich das Französische und Englische zu Eigen gemacht; später lernte sie, obgleich ihr freie Stunden nur höchst kärglich zugemessen waren, noch Italienisch und Spanisch, um die Werke, welche die Literatur dieser Nationen hervorgebracht hat, in der Ursprache zu lesen. Unter den deutschen Poeten hatte sie sich Goethe als Schutzpatron erkoren; er war ihr mehr als ein Dichter: ein Freund, bei dem sie stets gewiss war, Rat, Trost, Erhebung zu finden. Mehr als einmal hörte ich sie von ihm sagen: »Dem ist noch lange nicht sein volles Recht widerfahren.« Ich fragte sie einst, was sie damit meine, da ja doch niemand Goethe seinen Rang als dem größten unserer Dichter streitig mache. »Wer könnte das auch?«, entgegnete sie rasch. »Aber wenn ihn auch alle bewundern und preisen, wird er doch nicht geliebt, wie er's verdient, und das ist's, was mich kränkt. Wie vielen ist's denn klar, dass Goethes Herz so groß war wie sein Genius, ja dass ohne ein so ganz dem Dienst der Menschheit geweihtes Herz ein solcher Dichter gar nicht denkbar wäre!« – Nichts kam der Begeisterung gleich, mit der ein echtes Dichterwerk sie erfüllte; sie betrachtete es als eine Offenbarung des Göttlichen in der Welt und das Gefühl, mit dem sie sich vor ihm beugte, war religiöse Ehrfurcht.

Im Ganzen war ihr literarisches Urteil von seltener Feinheit und Richtigkeit, wenn sich auch nicht leugnen lässt, dass in einzelnen, besonderen Fällen ihre Herzenswärme und reiche Phantasie die natürliche Klarheit ihres Blickes trüben mochten. Persönliche Neigung konnte sie mitunter verleiten, das nur halb Gelungene milder zu beurteilen, als sich rechtfertigen ließ, die Intention eines Werkes konnte sie mit so wahlverwandtem Hauch berühren, dass sie, aus ihrer eigenen Fülle die Lücken der Ausführung ergänzend, sie nicht mehr bemerkte. Wenn es ihr auch manchmal begegnete, das eine oder das andere zu überschätzen, dem Streben an sich einen Wert beizulegen, den es nur hat, wenn ihm auch die Kraft zur Seite steht, so darf man dagegen mit vollster Sicherheit behaupten, dass eine Unterschätzung des Großen – und hätte es von ihrem ärgsten Feinde hergerührt – ihr ganz und gar unmöglich gewesen wäre. Sie musste es lieben, bewundern und mit der Begeisterung, die der Odem ihrer Seele war, seine Herrlichkeit verkünden.

Unbekümmert konnte Julie Rettich ihre Jugend schwinden sehen. Der Zeitabschnitt, der dem Wirken so mancher bis dahin hochgepriesenen Künstlerin plötzlich ein Ende macht, eröffnete ihr ein neues Gebiet, auf dem die Großartigkeit ihres Wesens sich noch siegreicher betätigen konnte als vorher. Das Fach der Heldenmütter, in das sie schon früh überging, stand in innerster Übereinstimmung mit ihrer heldenhaften Natur, und, dieser getreu, leistete sie um so Vollendeteres, je erhabener, reiner und edler der Charakter war, den sie darzustellen hatte. Keinem, der sie als Isabella, Eustache, Thusnelda sah, wird die Verklärung, mit der sie diese Gestalten umgab, jemals aus der Erinnerung entschwinden.

Bei Julie Rettich ging die menschliche Größe mit der künstlerischen Hand in Hand; kleinliche Eifersüchtelei gegenüber den Talenten, die im Laufe der Jahre in ihrem eigenen Kunstfach auftauchten, konnte in einem Gemüt wie diesem keine Stelle finden. In allem und jedem war diese Frau bestimmt, eine glorreiche Ausnahme zu sein. Mehr als jeder andere Künstler ist der Schauspieler der Gefahr ausgesetzt, das Interesse für die Sache seinem persönlichen Interesse zu unterordnen; ihm ist zur Wirkung eben nur eine kurze Frist gegönnt. Er muss eine große Seele besitzen, wenn es ihm möglich sein soll, den Wert einer fremden Leistung nicht bloß anzuerkennen – dazu genügen Verstand und richtiger Takt – sondern sich innerlich daran zu erfreuen und in dem Rivalen nur den Mitstrebenden zu erblicken. Eine solche Seele besaß Julie Rettich. Jede bedeutende Erscheinung in der Bühnenwelt erweckte in ihr eine Teilnahme, die sich bis zum Enthusiasmus steigern konnte. Niemand hat dem Genie der Rachel größere Bewunderung gezollt, niemand die hohe künstlerische Vollendung der Ristori freudiger anerkannt. Nun und nimmer hat sie einer würdigen Stirn den Kranz missgönnt. Freilich war es ihr insoferne leicht gerecht zu sein, als sie, bei aller Demut, sich sagen durfte, dass sie in der Tat keine Rivalität zu scheuen habe. Wenn die Rachel sie in dämonischer Furchtbarkeit, vulkanischer Glut übertraf, wenn die Ristori, die Tochter des Südens und der Antike, es ihr in Bezug auf formelle Schönheit und wunderbare Plastik zuvortat, so hatte die deutsche Künstlerin dagegen andere Vorzüge ins Treffen zu führen, die teils in dem Adel ihres Innern, teils in dem ungewöhnlichen Umfang ihrer Bildung begründet waren. Einer der gewichtigsten derselben war die vollkommen geistige Beherrschung jeder Aufgabe, die sie zu lösen hatte. Das Missverstehen einer dichterischen Intention war bei ihr nicht denkbar. Mit merkwürdigem Scharfblick spürte sie den scheinbar geringfügigsten Zügen eines Charakters nach, bis er in seiner Ganzheit als ein lebendiger Organismus vor ihr stand. Jede historische Person, die sie darstellte, hatte auch ihr scharf bezeichnetes historisches Gepräge, das sie von anderen, mehr oder weniger verwandten Figuren unterschied. Nicht minder muss die ungemeine Vielseitigkeit ihres Talentes in Betracht kommen. Die erste deutsche Tragödin ihrer Zeit, war sie auch im Konversationsstück unübertroffen, wenn ihr darin Gelegenheit geboten war, ihre geistige Macht, die tiefe Innigkeit ihrer Empfindung und ihre Weltkenntnis zu entwickeln. Ihre Leistungen auf diesem Gebiete – ich führe hier beispielsweise nur die Gräfin in *Lady Tartuffe*, die Mutter in *Furcht vor der Freude*, die Frau in Bauernfelds *Im Alter* an – standen hinter ihren gepriesensten tragischen Schöpfungen nicht zurück. Die künstlerische Gewissenhaftigkeit, mit der sie jede Rolle, die ihr zugeteilt wurde, spielte, hing mit dem tief gehenden Zug ihres Wesens zusammen, nichts oberflächlich, nichts halb zu tun. Bei allem, was sie ergriff, war sie auch mit ganzer Seele, jede Beschäftigung hatte für sie eine geistige Bedeutung. Diese Fähigkeit, die ganze Kraft auf einem Punkt zu konzentrieren, ist an sich selten genug, noch weit seltener aber erscheint sie im Verein mit einer Elastizität und beflügelten Raschheit des Geistes, wie diese Frau sie besaß.

Es lässt sich übrigens begreifen, warum jede Halbheit ihr ein Gräuel sein musste; selbst ein Ganzes, strebte sie in allen Dingen nach Ganzheit. Als die Natur sie schuf, war sie ihr hierin mit gutem Beispiel vorangegangen; sorglich war sie bedacht gewesen, es ihrem Werke an nichts fehlen zu lassen, den inneren Gaben, die sie gespendet, auch die physischen Mittel zur vollsten Entwicklung zu gewähren. Sie hatte dieser außerordentlichen geistigen Kraft eine, wie es schien, unverwüstliche Gesundheit, eine staunenswerte physische Ausdauer beigestellt. In den vielen Jahren, während welcher ich mit Julie Rettich in ununterbrochenem Verkehre stand, habe ich nie eine Spur von Erschöpfung oder auch nur momentaner Abspannung an ihr wahrgenommen; sie schien keiner Ruhe zu bedürfen, Anstrengungen, denen andere erlegen wären, waren ihr ein Spiel. Schon ihre Leistungsfähigkeit allein hätte sie zu einem Phänomen gemacht. Als Künstlerin betrieb sie ihre Studien fort und fort mit einem Ernst, einem Eifer, als habe sie, die Hochberühmte, sich erst eine Stellung zu gründen; als Hausfrau entwickelte sie eine Tätigkeit, eine Pflichttreue, wie man sie selbst bei Frauen, die nur auf den engen Kreis ihrer Häuslichkeit angewiesen sind, nicht häufig in solchem Maße findet. Dazu kamen noch die Ansprüche, welche eine ausgebreitete Geselligkeit an sie machte, und vor allem der Umstand, dass, wer sie kannte, sich unfehlbar an sie wendete, wenn er eines Rates oder Beistandes bedurfte. Eine treuere, aufopferndere Freundin hat nie gelebt. Ihre unermüdliche Fürsorge und Teilnahme beschränkte sich aber nicht bloß auf den Kreis ihrer Freunde; jeder Unglückliche, jeder Bedrängte hatte darauf ein unverlierbares Anrecht. Durch keine Rücksicht auf sich selbst ließ sie ihre Großmut beschränken. Wenn ihre eigenen Mittel erschöpft waren, scheute sie keinen Aufwand von Zeit und Mühe, um auf anderem Wege Hilfe zu bringen; sie machte ihren Einfluss bei den Vornehmen und Reichen geltend, mit denen sie verkehrte, und gerne entrichteten diese den von dem Liebling aller beanspruchten Tribut. Von ihrem Wirken in dieser Richtung ist ein dauerndes Denkmal zurückgeblieben. Anfangs der Fünfzigerjahre gründete sie, in Verbindung mit anderen trefflichen Frauen, einen Verein für Arbeitsschulen, in denen Mädchen aus den unteren Volksklassen in den Fertigkeiten und Geschicklichkeiten unterwiesen werden sollten, die geeignet wären, ihnen später einen Erwerb zu sichern. Mit diesem positiven Zweck war zugleich ein negativer verbunden: Die Mädchen, die, dem eigentlichen Schulbesuch bereits entwachsen und doch noch zu jung, um in einen Dienst zu treten, bis dahin durch Müßiggang und Mangel an Aufsicht den schlimmsten Gefahren ausgesetzt waren, sollten in den ihnen eröffneten Asylen vor diesen geschützt werden. Freudig beteiligte sich Julie Rettich an diesem Werke und trug wesentlich dazu bei, ihm Gönner und Freunde zu werben. Sie selbst übernahm die Leitung einer dieser Schulen. Keine Ungunst der Witterung, nicht die überhäufteste Beschäftigung konnte sie abhalten, allwöchentlich nach der entlegenen Vorstadt, in der die Anstalt sich befindet, hinauszuwandern, um sich an Ort und Stelle zu überzeugen, ob auch alles im rechten Geleise gehe. »Meine Kinder« pflegte sie die Zöglinge ihrer Schule zu nennen und in der Tat war sie ihnen eine Mutter, deren Sinn nicht minder darauf gerichtet ist, ihre Kinder zu erfreuen als ihnen zu nützen. Die Weihnachtsbescherung, die sie dort alljährlich spendete, beschäftigte sie schon Monate vorher. Da die Anstalt keinen Fonds besitzt, mussten die Wäsche- und Kleidungsstücke, womit mehr als hundert junge Mädchen beschenkt werden sollten, durch milde Gaben herbeigeschafft werden; diese zu sammeln war in der Tat keine geringe Aufgabe, aber wie gerne unterzog sie sich ihr! Waren nun die Spenden beisammen, die Einkäufe von Stoffen besorgt, dann ging es an ein Berechnen, Zuschneiden, Verteilen der Arbeit, als sei dies allein Juliens einziger Lebensberuf. Ich führe hier nur dies eine Beispiel von ihrer tatkräftigen Menschenliebe an; es hat aber jeder Tag, der ihr hienieden beschieden war, eines gegeben.

Man kann sich nicht des schmerzlichen Gedankens entschlagen, dass diese unablässige Selbstaufopferung eine Selbstzerstörung war, dass eine weisere Schonung ihrer Kräfte uns diese herrliche Frau noch viele Jahre erhalten haben würde. Aber wer vermag gegen das Gesetz seiner Natur anzukämpfen? Oft ist es gerade unser Bestes, was uns dem irdischen Untergange weiht. Dies war bei Julie der Fall. Sie musste unterliegen, weil der Drang, anderen zu helfen, zu dienen, stärker in ihr war als der Selbsterhaltungstrieb. Sie konnte sich niemanden versagen, kein betrübtes Antlitz sehen, keinen Wunsch, dessen Erfüllung in ihrer Macht stand, unbefriedigt lassen. Das Leben von Tausenden zu dem ihren machend, hat sie in Wahrheit tausendfältig gelebt. Ihr unabweislichstes Bedürfnis war, allen wohl zu tun. Unter Wohltun verstand sie jedoch nicht bloß die materielle Hilfe, die sie Armen, den linden Trost, den sie Schmerzgebeugten spendete, sondern auch die Zugänglichkeit für jedes Entgegenkommen, die Freundlichkeit, die ich die kleine Münze des Herzens nennen möchte. Ihre Wertschätzung eines Menschen richtete sich weit weniger nach seinen intellektuellen als nach seinen Gemütsgaben. Sie konnte für geistig Unbedeutende aufrichtiges Wohlwollen empfinden, wenn nur ihr Herz gut, ihr Sinn rein war, während im Gegenteil die glänzendste Begabung

einen Makel des Charakters in ihren Augen nicht auszugleichen vermochte. Die Strenge, mit der sie alles Unwahre und Gemeine von sich ferne hielt, entsprang dem Instinkt, der uns eine vergiftete Atmosphäre fliehen heißt; der Tugendstolz, der die Makellosigkeit mancher Frauen unleidlich macht, hatte keinen Teil daran. Zum stolzesten Selbstgefühl berechtigt, war sie das Bild der Demut. Wenn je eine Frau der Gegenstand allgemeiner Verehrung war, war es Julie Rettich. Man hätte es ihr billig nachsehen müssen, wenn sie die zahllosen Huldigungen, die ihr dargebracht wurden, schließlich als einen ihr gebührenden Zoll, als etwas Selbstverständliches betrachtet hätte. Und wie weit war sie davon entfernt! Der kleinste Beweis von Neigung, gleichviel wer ihr ihn geben mochte, erfüllte sie stets mit dankbarer Rührung. Oft warf ich ihr die Bereitwilligkeit vor, mit der sie diesem oder jenem gänzlich indifferenten, ja langweiligen Menschen ein Recht auf ihre kostbare Zeit zugestand. Regelmäßig erhielt ich zur Antwort: »Aber er hat mich so lieb!« Nie war sie zu überzeugen, dass dies kein Verdienst sei und dass niemand Anspruch auf Dank habe, wenn er eben nur tut, was er nicht zu unterlassen vermöchte.
Die Zeit, die so manchen Kranz entblättert, flocht dem ihren immer neue Blüten des Glückes und Ruhmes ein. Unbestreitbar und unbestritten war sie die größte deutsche Schauspielerin ihrer Zeit, im Privatleben nahm sie eine Stellung ein, wie sie nicht ehrenvoller gedacht werden kann, die Liebe der Ihren, die treue Hingebung edler Freunde verschönerten jeden Moment ihres Daseins. So mag man mit Recht ihr Erdenlos ein hochbegünstigtes nennen, wenn ihm auch manche Trübungen nicht erlassen blieben. Wohl die dunkelste von allen war ihr die Trennung von ihrer einzigen Tochter, die, von einem unwiderstehlichen Drange getrieben, sich der italienischen Oper zuwendete und dadurch ihrer Familie entzogen wurde. Doch auch dafür bereitete die Zukunft der schmerzlich bewegten Mutter einen holden Ersatz. Emilie Rettich ver-

mählte sich in Italien mit dem Impresario Eugenio Merelli und die zwei Kinder, die aus dieser Ehe hervorgingen, wurden, da das Wanderleben ihrer Eltern diesen nicht gestattete, sie bei sich zu behalten, der Pflege der Großmutter übergeben. Nun zog die Freude wieder in Juliens Seele ein! Sie war glücklich durch die Zärtlichkeit, die ihr Herz wieder frei ausströmen durfte, glücklich durch die Liebesdienste, die sie leisten konnte. Mit leidenschaftlicher Innigkeit hing sie an diesen Enkeln, die, nach ihrem eigenen Ausdruck, einen beständigen Frühling um sie her zauberten. In ihnen erblickte sie die Krone ihres Daseins, das erst durch sie zum vollen beseligenden Abschluss gelangt war.
Von heiliger Begeisterung für die Kunst entflammt, den Ihren ein Schutzgeist, den Freunden ein Vorbild hohen Sinns und edler Sitte, den Armen eine Segenshand – so haben wir sie gekannt, so lebte sie unter uns, ein Inbegriff alles dessen, was verehrungs- und liebenswürdig heißt. Wir freuten uns ihrer ohne Rückhalt, ohne Sorge sie zu verlieren. Wohl keinen ihrer Altersgenossen hat der Gedanke erschreckt, dass sie ihm im Tode vorangehen könne; man mochte mit scheinbar gutem Grunde annehmen, dass ihr eine ungewöhnlich lange Lebensdauer bestimmt sei. Nicht das leiseste Anzeichen verriet eine Abnahme ihrer Kraft. Statt den Schwung ihres Geistes zu lähmen, steckten ihm die Jahre nur immer höhere Ziele und sieghaft trug er die andern mit sich empor. Angesichts der freudigen Tapferkeit, mit der diese Frau ins Leben blickte, hätte man sich geschämt, mutlos und verdrossen den Kopf hängen zu lassen. Auch auf ihr Äußeres hatte die Zeit keinen Einfluss gehabt; die edlen Züge waren unverändert, das Haar hatte seinen dunkeln Glanz und seine Fülle, das Organ seinen mächtigen, an Orgelton mahnenden Wohllaut bewahrt. Der ärgste Schwarzseher hätte hier keinen Grund zur Besorgnis aufzufinden gewusst und dennoch wucherte in ihr bereits das Übel, dem sie erliegen sollte. Niemand, außer ihrer nächsten Umgebung, ahnte die entsetzliche Wahr-

heit. Wie hätte man sie auch erraten, da man die bereits dem Tod Geweihte wie sonst walten und wirken, wie sonst mit rückhaltloser Hingebung ihre häuslichen wie die Pflichten ihres künstlerischen Berufes erfüllen sah? Wenn hierin, im Vergleich mit früheren Tagen, ein Unterschied wahrzunehmen war, so lag er darin, dass ihre Tätigkeit jetzt etwas von gewaltsamer Überreizung an sich trug; sie war zur Rastlosigkeit geworden. In der äußersten Anspannung aller ihrer Kräfte suchte die Schwerbedrohte eine Zuflucht vor den dunkeln Gedanken, mit denen der Blick in die Zukunft sie erfüllte. Jede Mühe, jede Zerstreuung, jede Anstrengung war ihr willkommen, wenn sie ihr nur ein Mittel bot, das Geschick, dem sie entgegenging, auf Stunden zu vergessen. Ich zweifle nicht, dass ihr dies häufig gelang, dass sie mitunter, von einer großen Idee, einem Kunstwerk, einer bedeutenden Persönlichkeit angeregt, wie von einem Stern herab auf ihr eigenes Los zu blicken vermochte. Was sie jedoch in nächtig einsamen Stunden, wenn alles um sie her Ruhe und Schweigen war und ihr menschlich' Teil sein Recht geltend machte, in der bekümmerten Seele gelitten haben mag, wer wüsste dies zu sagen?
Im Frühjahr 1865 erkrankte sie an einer heftigen Lungenentzündung. Mehrere Tage hindurch rangen Tod und Leben um sie, aber noch war das Leben mächtiger. Sie genas von der Krankheit, die ihr ein rasches, im Vergleich mit den Qualen, die ihr bevorstanden, schmerzloses Ende bereitet hätte. Sobald sie die Anstrengung der Reise ertragen konnte, begab sie sich mit ihrem Gatten in die Schweiz und brachte dort einen Teil des Sommers zu. Mitte August kehrte sie nach Wien zurück. Sie galt für vollkommen hergestellt, während das Übel, das schon seit drei Jahren im Verborgenen an ihr zehrte, keine Hoffnung auf Heilung mehr zuließ. Selbst jetzt noch verhehlte sie es gegen Jedermann; ihr unseliges Geheimnis hatte nur sehr wenige Mitwisser und diesen legte ihr Verbot unverbrüchliches Schweigen auf. Nichts konnte sie verhindern, ihre künstle-

rische Tätigkeit wieder aufzunehmen, aber nah und näher kam der Tag, an dem selbst ein Wille wie der ihre gegen die vorschreitende physische Zerstörung nichts mehr vermochte. In der Seite eine offene Wunde, deren Blutung nur eben mühsam gestillt worden war, fuhr sie noch am 16. September von ihrem Landhause in Hütteldorf nach der Stadt, um die Portia in *Julius Cäsar* zu spielen. Ein seltsamer Zufall ließ diese Gestalt, in deren Hoheit, Schwung und Stoizismus sich ihr eigenstes Wesen abspiegelte, ihre letzte Rolle sein. Nun aber brach sie zusammen, die reißenden Fortschritte der Krankheit waren nicht länger zurückzudämmen und furchtbar waren die Schmerzen, die sie auf ihrem Wege zum Grabe noch zu erdulden hatte. Doch inmitten aller Martern bewahrte ihr Geist sein Herrscherrecht, ihr Gemüt seine tiefe Liebesfülle. Noch auf ihrem Schmerzenslager war sie für ihre Freunde bemüht und tätig; was diesen Erwünschtes begegnen mochte, war ihr ein Lichtblick in der Nacht ihres eigenen Jammers. Die Briefe, die sie während ihrer Krankheit an verschiedene ihr werte Personen richtete – enthalten nicht ein Wort der Klage, der Verbitterung, sondern nur Dank für die Beweise von Teilnahme, die ihr von allen Seiten zukamen, liebevolle Sorge für andere. Eben so getreulich gedachte sie nach wie vor ihrer Armen. Als die Weihnachtszeit herannahte, war sie wieder unermüdlich tätig, für die Kinder der von ihr geleiteten Schule die gewohnte Christbescherung herbeizuschaffen; dass es ihr gelang, war eine der letzten Freuden, die ihr Herz noch erquickten.

In jeder nur halbwegs erträglichen Stunde offenbarte sich die Regsamkeit ihres Geistes in treffenden und erschöpfenden Urteilen über die neuen Bücher, die man ihr vorlas. Ja, sie schrieb in dieser bitteren Leidenszeit ein Stück, das sie mit ergreifenden Worten der Liebe und des Dankes ihrem edlen Gatten widmete.

Endlich schlug die Stunde der Erlösung. Am 11. April 1866 schlossen sich die Augen für immer, die, solange sie

offen standen, stets nur Liebe und Güte strahlten; der Geist, der, solange er unter uns verweilte, uns oft wie heiligen Sturmes Wehen mit sich fortriss, war entflohen.
Die Wirkung aber, welche eine solche Persönlichkeit ausübt, ist nicht auf ihr irdisches Dasein beschränkt und kann nicht mit ihr im Grabe verschwinden. Ein großer und guter Mensch lebt, ob längst gestorben, nicht nur in der Erinnerung, sondern auch in dem Tun und Lassen derer fort, die seinen Wert erkannten, denen er zum sittlichen Ideale ward. Seinem Richterspruch unterwerfen sie wie ihre Handlungen so auch ihre Gedanken, entschlossen in sich niederkämpfend, was vor ihm nicht zu bestehen vermöchte, treu in sich ausbildend, was ihr Wesen tiefer und inniger mit dem seinen verschmelzen kann. Kein Vorsatz, keine Absicht ist dabei tätig, sondern nur jene unerforschte Macht, welche die Planeten zwingt, um ihre Sonne zu gleiten. Ich glaube nicht, dass einer, der Julie Rettichs Wesen wahrhaft erfasst hat, sich nicht unwillkürlich das Ziel steckt, stets in ihrem Sinne, in ihrem Geiste zu handeln, und so hat sie selbst sich das ihrer würdigste Totenopfer bereitet.

Von Betty Paoli, Wien, 1866
Verlag, Druck und Papier von Leopold Sommer. Debitiert durch Ferdinand Klemm.

Betty Paoli – Lebensdaten

1814 Geboren am 30. Dezember in Wien als Barbara Elisabeth (Babette) Glück.
Ihr Vater, ein Militärarzt, starb bereits zwei Jahre danach. Die Mutter, in guten ökonomischen Verhältnissen, verspielt und verspekuliert das gesamte Vermögen. Betty Paoli ist mit 15 Jahren dazu gezwungen, ihre Mutter und sich selbst zu erhalten.
Ihre Bildung, bisher »à la diable«, übernimmt sie selbst.

1830 Arbeitet als Gouvernante in Russland. Aufgrund des Heimwehs der Mutter flüchten sie mit Hilfe von Schleppern. In Galizien erliegt die Mutter den Strapazen. Betty Paoli arbeitet als Gouvernante in Polen und kann sich weiterbilden.

1832 Erste Gedicht-Veröffentlichung noch unter Betty Glück in *Wiener Zeitschrift für Kunst, Literatur und Mode.* Danach weitere Veröffentlichungen von Gedichten und Novellen.

1835 Wieder in Wien. Lebt vor allem von Stundengeben und Übersetzungen.

1841 Erste Gedichtsammlung *Gedichte* unter dem Pseudonym Betty Paoli schafft den Durchbruch: Begeisterung der Frauen und Entrüstung der Männer: »unerhörte Offenheit«. Lob von Grillparzer und Lenau.
Gesellschafterin von Henriette Wertheimer. Ab hier wird sie zu »einer der bedeutendsten Erscheinungen in den Wiener Salons«.

1843 Gesellschaftsdame der Fürstin Marianne Schwarzenberg. Bildung und Reisen.

1844 Erscheint ihre Novellensammlung *Die Welt und mein Auge.*

1845 Die Gedichtsammlung *Romancero* widmet sie Bettina von Arnim.

1848 Journalistin. Nach dem Tod der Fürstin ermöglicht Fürst Schwarzenberg ihr Reisen nach Italien, Deutschland und Frankreich. Sie schreibt für *Die Presse, Lloyd, Neue Freie Presse, Augsburger Allgemeine Zeitung* u.a.
Nach ursprünglich freudiger Begrüßung der Revolution 1848 wendet sie sich aufgrund der Lynchszenen, die sie sieht, enttäuscht ab.

1852 Gesellschafterin der Gräfin Bagréef-Speransky.

1855 Begegnung mit Ida Fleischl-Marxow, bei der sie bis zu ihrem Tod lebt.

1865 Feuilleton *Eine Zeitfrage* ist ihr erster leidenschaftlicher Appell für eine Zulassung der Frauen zu Bildung und Beruf.

1870 Erscheint ihre letzte Gedichtsammlung *Neueste Gedichte.*

1885 Erstes Ehrenmitglied des »Vereins der Schriftstellerinnen und Künstlerinnen in Wien«.
Offizielle Ehrungen zum 70. Geburtstag: Bürgermeister Uhl erscheint, die Gemeinde Wien beauftragt ein Porträt, Abordnung des »Vereins der Schriftstellerinnen und Künstlerinnen in Wien« etc.

1894 Letztes Feuilleton *Briefe von A. Droste-Hülshoff an Levin Schücking.*
Gestorben am 5. Juli in Baden.
Zentralfriedhof: Platz für »Halbberühmtheiten«, Ehrengräber-Gruppe 0 an der östlichen Friedhofsmauer, 1. Reihe Nr. 15.

Bibliographie Betty Paoli[1]

GEDICHTE UND NOVELLEN:

»An die Männer unserer Zeit« – In: Wiener Zeitschrift für Kunst, Literatur, Theater und Mode, 25. August 1832. S 821f
»Gedichte von Betty Paoli. I. Die Dichterin« – In: Der Humorist. Eine Zeitschrift für Scherz und Ernst, Kunst, Theater, Geselligkeit und Sitte, 30. August 1837
»Reiseprojekte« – In: Der Humorist, 20. Oktober 1837
»Die Naturalistin« – In: Der Humorist, 23. Oktober 1837
»Konversation« – In: Der Humorist, 13. Dezember 1837
»Ersehnte Gleichheit«, »Forderung« – In: Der Humorist, 16. Dezember 1837
»Mein Dichten«, »Verhängnis der Kunst«, »Holdes Todes Ahnung«, »Dort wie hier!« – In: Ritter Braun von Braunthal: Österr. Musenalmanach. Wien: Gerold 1837. S 233-241
»Bekenntniß« – In: Wiener Zeitschrift für Kunst, Literatur, Theater und Mode, 4. Mai 1840. S 563f
Gedichte. – Pest: Wigand 1841
Nach dem Gewitter. – Pest: Heckenast 1843
Die Welt und mein Auge. Novellen. 3 Bde. – Pest: Heckenast 1844
Gedichte. Zweite vermehrte Auflage. – Pest: Wigand 1845
Romancero. – Leipzig: Wigand 1845
Die Brüder. Novelle. – [Frankfurt/M. 1847]
Gedichte. – In: Huldigung den Frauen. Taschenbuch für das Jahr 1848. Wien: Tendler & Comp. 1847. S 190-192
Nach dem Gewitter. Zweite Auflage. – Pest: Heckenast 1850
Neue Gedichte. – Pest: Wigand 1850
Lyrisches und Episches. – Pest: Heckenast 1855
Neue Gedichte. Zweite vermehrte Auflage. – Pest: Wigand 1856
Berton, Pierre: Didier. Schauspiel in drei Acten. Deutsch von Betty Paoli. Wien: Jacobi 1868
Neueste Gedichte. – Wien: Gerold 1870

---

1 Karin S. Wozonig hat uns die Paoli-Bibliographie aus ihrem Buch »Die Literatin Betty Paoli. Weibliche Mobilität im 19. Jahrhundert«, Wien 1999 freundlicherweise zur Verfügung gestellt.

An Ludwig und Zerline Gabillon zu ihrem 25jährigen Jubiläum. – Wien 1875 (Privatdruck)

Gedichte von Betty Paoli (Nach Gustave Nadaud): »Bei Marsala«, »An mein Vaterland« – In: Die Dioskuren. Litterarisches Jahrbuch des Ersten allgemeinen Beamtenvereins der österr.-ungarischen Monarchie. Jg. 14 (1885), S 23-25

Gedichte. Auswahl und Nachlaß, hg. von Marie von Ebner-Eschenbach. – Stuttgart: Cotta 1895

Ausgewählte Gedichte. – Stuttgart, Berlin: Cotta [1914]

Die schwarzgelbe Hyäne. Eingeleitet und herausgegeben von Josef Halper. – Graz 1957

»Confessions« [Bekenntnisse, 1844]. – In: Into the Sunset. Anthology of Nineteenth-Century Austrian Prose. Selected and Newly Translated with a General Introduction and Author-Specific Prefaces by Richard Hacken. – Riverside: Ariadne Press 1999. S 95-117

Aufsätze:

»Deutsche Briefe« I. – In: Die Presse, 25. August 1848

»Deutsche Briefe« II. – In: Die Presse, 29. August 1848

»Deutsche Briefe« III. – In: Die Presse, 27. September 1848

»Deutsche Briefe« IV. – In: Die Presse, 4. Oktober 1848

»Kritisches Portefeuille« – In: Lloyd, 2. Feber 1849

»Theater«, »Kunstausstellung«, »Bücherschau« – In: Wiener Lloyd, Jg. 1853 und 1854

Wien's Gemäldegalerien in ihrer kunsthistorischen Bedeutung. – Wien: Gerold 1865

»Eine Zeitfrage« – In: Neue Freie Presse, 4. November 1865

»Ein Wort Pombal's« – In: Neue Freie Presse, 12. August 1866

»Moderne Ehen« – In: Neue Freie Presse, 19. März 1867

»Unsere Moden« – In: Neue Freie Presse, 25. April 1867

»Unsere Geselligkeit« – In: Neue Freie Presse, 13. Juni 1867

»Unsere Stadt« – In: Neue Freie Presse, 1. Mai 1868

»Unsere Manieren« – In: Neue Freie Presse, 17. April 1869

»Ueber weibliche Erziehung« – In: Neue Freie Presse, 4. Juni 1869

»Wandlungen« – In: Neue Freie Presse, 12. September 1869

»Wissen ist Macht« – In: Neue Freie Presse, 16. Dezember 1869

»Ausgemachte Wahrheiten« – In: Neue Freie Presse, 2. Feber 1870

»In Sachen der Literatur« – In: Neue Freie Presse, 21. April 1870
»Ein Ausflug nach Dresden« – In: Neue Freie Presse, 13. Juli 1870
»Reisestationen« I-VIII. – In: Neue Freie Presse, 17. Dezember 1870 bis 29. März 1871
»Die neue Hauptstadt Italiens« – In: Neue Freie Presse, 15. Juli 1871
»In Sachen der Poesie« – In: Neue Freie Presse, 7. Feber 1872
»Eine deutsche Dichterin« – In: Neue Freie Presse, 16. April 1873
Grillparzer und seine Werke. – Stuttgart: Cotta 1875
»Ein schweizerischer Dichter« – In: Beilage zur Wiener Abendpost, 13. Juni 1877
»Rahel« – In: Beilage zur Wiener Abendpost, 20. und 21. Dezember 1877
»Neue Erzählungen von Marie v. Ebner-Eschenbach« – In: Die Presse, 24. und 25. Juni 1881
»Hutten's letzte Tage. Eine Dichtung von Conrad Ferdinand Meyer. 3. Auflage 1881« – In: Die Presse, 16. Dezember 1881
»Briefe aus George Sand's Jugendzeit« – In: Die Presse, 1. und 4. Juli 1882
»Viertes Jahrbuch der Grillparzer-Gesellschaft« – In: Beilage zur Augsburger Allgemeinen Zeitung, 13. April 1894
»Studie über Grillparzer« – In: Grillparzers Gespräche und die Charakteristiken seiner Persönlichkeit durch die Zeitgenossen. Gesammelt und herausgegeben von August Sauer. Erste Abteilung. Biographien und allgemeine Charakteristiken. 1841-1894. – Wien 1904 (=Schriften des Literarischen Vereins in Wien. 1.). S 243-271
Gesammelte Aufsätze. Eingeleitet und herausgegeben von Helene Bettelheim-Gabillon. – Wien 1908. (=Schriften des Literarischen Vereins in Wien. 9.)

Briefe:

Andrassy, Eugen von (Hg): Briefe an Stifter. – In: Oesterreichische Rundschau. Monatsschrift für das gesammte geistige Leben der Gegenwart. 1 (1883). S 610-624

Hock, Stefan (Hg): Briefe Betty Paolis an Leopold Kompert. – In: Jahrbuch der Grillparzer-Gesellschaft XVIII (1908). S 177-209
Wittner, Otto (Hg): Briefe aus dem Vormärz. Eine Sammlung aus dem Nachlaß Moritz Hartmanns. – Prag 1911. (=Bibliothek Deutscher Schriftsteller aus Böhmen. 30.)
Briefe an Friedrich Hebbel, hg. von Moriz Enzinger in Zusammenarbeit mit Elisabeth Bruck. 2. Teil 1861-1863. Wien 1975

Ungedruckte Quellen:

Tagebücher 1866, 1880-87, 1889-93: Wiener Stadt- und Landesbibliothek IN 126449
Taufschein: Wiener Stadt- und Landesbibliothek IN 100378

Eva Geber

geb. 1941, Ausbildung: Textildesign. Schriftstellerische Tätigkeit ab 1960. Arbeitet seit 1980 als Druckereileiterin. Ab Anfang der 70er feministisches Engagement.

Ab 1977 Mitherausgeberin des feministischen Magazins AUF-Eine Frauenzeitschrift, seit 1992 der AUFedition: 1992: *Die Frauen Wiens*, Mitherausgeberin und -autorin. 1995: *All das Leid und die Spassettln. Das Leben der Lucia Westerguard.* 1998: Neuedition Rosa Mayreder: *1. Das Haus in der Landskrongasse. Jugenderinnerungen. 2. Zur Kritik der Weiblichkeit. Essays. 3. Geschlecht und Kultur.* Zahlreiche Veröffentlichungen in Anthologien.

Karin S. Wozonig

geb.1970 in Graz, Studium der Vergleichenden Literaturwissenschaft, der Germanistik und Anglistik in Wien. Befasst sich mit chaostheoretischer Literaturwissenschaft.